MAGYARORSZÁG
SZUBJEKTÍV ATLASZA

·

SUBJECTIVE ATLAS
OF HUNGARY

MAGYARORSZÁG SZUBJEKTÍV ATLASZA

— ◆ —

SUBJECTIVE ATLAS OF HUNGARY

Szerkesztette | *Edited by*
Annelys de Vet & Bujdosó Attila

Kitchen Budapest & HVG Könyvek

Magyarország szubjektív atlasza | *Subjective Atlas of Hungary*

Koncepció & szerkesztés | *Concept & editing*
Annelys de Vet

Kurátor & szerkesztés | *Curator & editing*
Bujdosó Attila

Grafikai tervezés | *Graphic design*
Borsa Aliz, Annelys de Vet,
Kasnyik Anna segítségével
és a társalkotókkal együttműködésben
with the assistance of Anna Kasnyik
and in collaboration with all contributors

Bevezető | *Introduction*
Parti Nagy Lajos

Társalkotók | *Contributors*
Barcza Gergely, Borsa Aliz, Borsa Béla, Borsos János, Bölecz Lilla, Budavári Dóra, Bujdosó Attila, Czél Mátyás, Csík-Kovács Zoltán, Evva Ambrus, Farkas Kata, Feles Dániel, Fischer Judit, Frank Béla, Gelencsér Judit, Cristina Groşan, Hajdu Bence, Hajdu Gáspár, Kapitány Eszter, Kasnyik Anna, Kele Sára, Kerekes Kata, Kiss László, Korponovics Roland, Kovács Budha Tamás, Kovács Zoltán, Léderer Sándor, Lőrinc Lilla, Madarassy Anikó, Mákó Rozi, Mészáros Zsuzska, Molnár Zsolt, Navratil Judit, Novák Péter János, Pál Rebeka, Papp Gábor, Papp Zsolt, Pásztor Eszter, Polányi Petra, Porpáczy Zoltán, Puklus Péter, Rastätter Linda, Rácz Miklós, Sirály Dóri, Smiló Dávid, Soltész Noémi, Steiner Balázs Miklós, Szemző Zsófia, Szolga Zsófi, Tábori András, Tömör Miklós, Varga Szilvia Marcella

Portréfotók | *Portrait photography*
Csík-Kovács Zoltán, Hajdu Gáspár, Puklus Péter

Tanácsadás | *Advising*
Bircsák Eszter, Rudy J. Luijters

Fordítás & lektorálás | *Translation & proofreading*
Pásztor Eszter, Bob Dent

Betűtípus | *Typeface*
FR Hopper • Frank Béla • www.fabergraph.hu

Papír | *Paper*
Arctic Volume White, 90 g

Nyomdai előállítás | *Printing*
Radin Group

Felelős vezető | *Manager in charge*
Antun Basic

Kiadók | *Publishers*
Kitchen Budapest • www.kitchenbudapest.hu
HVG Könyvek • www.hvgkonyvek.hu

Felelős kiadó | *Publisher in charge*
Szauer Péter • HVG Kiadó Zrt.

Kiadóvezető | *Publishing director*
Budaházy Árpád • HVG Kiadó Zrt.

ISBN
978-963-304-058-4

Kapcsolat | *Contact*
szubjektiv@kitchenbudapest.hu

Korábbi atlaszok a sorozatból | *Previous atlases in this series*
• Subjective Atlas of the EU, from an Estonian point of view *(Tallinn [EE], 2003)*
• Subjectieve Atlas van Nederland *(BIS Publishers [NL], 2005)*
• Subjective Atlas of Palestine *(010 Publishers [NL], 2007)*
• Subjective Atlas of Serbia *(Dom Omladine [SER], 2009)*
• Subjective Atlas of Mexico *(Textofilia [MX], 2011)*

Lásd még | *See also*
www.annelysdevet.nl

Köszönettel | *Acknowledgements*
Böröcz Zsuzsanna, Moniek Driesse,
Csemez Gábor (GeoX Térinformatikai Kft.)

Támogatók | *Financial support*
Fonds BKVB & Holland Királyság Nagykövetsége
Netherlands Foundation for Visual Arts, Design and Architecture & Embassy of the Kingdom of the Netherlands

Budapest, 2011

  Ministry of Foreign Affairs of the Netherlands

Mi tudható meg?
Magyarország-cédulák

Parti Nagy Lajos

Aki fellapozza ezt a különös és kézenfekvő könyvet, az különös és kézenfevő dolgokat tudhat meg Magyarországról. Azt például, hogy annyiféle Magyarország van, ahányan tudomással bírnak róla, kis túlzással, ahány olvasó élt és él itt, vagy egyszer is rákattintott erre az országra. Megtudhatja továbbá, mármint a tisztelt *olvnéző*, hogy Magyarország csak szubjektív van. Sokféle, tarka, mindenféle – sok egybeeső *más*, karakteres, metaforikus esetlegesség! Szeretem ezt az atlaszt, mert okosan, ugyanakkor zabolátlanul szubjektív, a hazámról szól, és mégsem. És mégis, hisz a kreativitásról szól, márpedig Magyarország igen kreatív ország, igaz, minden ország kreatív, úgy értve, hogy a lakói, akik nélkül az ország csak körvonal.

*

Petőfi Sándor XIX. századi magyar költő, akiről a legtöbb utcát nevezték el Magyarországon, 1846-ban, *A magyar nemzet* című versében írta, hogy „Ha a föld isten kalapja, Hazánk a bokréta rajta!" Gyerekkorom óta izgat ez a széjjelmosott, agyonidézett, falvédősített metafora, nem is a bokréta, inkább a föld, mint (pörge?) kalap az Úristen fején, melyre, nyilván mint legszebb tartományát, Magyarországot odatűzte. Az Urat, bevallom, kissé Atlaszként képzeltem el: szálkás, bronzszürke izomzat, szenvedő arckifejezés, leomló hajcsigák – nehezen illett hozzá a kalap a lengedező bokrétával. Volt benne valami nevetséges, valami meghato. Petőfi-atlasz. A haza egyébként ilyesmi, nevetséges és meghato.

What's There to Fathom?
Hungary-memos

Lajos Parti Nagy

Whoever encounters this strange and self-evident book, can learn strange and self-evident things about Hungary. You can learn, for instance, that there are as many kinds of Hungary as people with knowledge of it, and, with a little exaggeration, as many as there are readers who have lived here or clicked at least once on this country. The Distinguished Readviewer *may also learn that there is a subjective Hungary only. It is diverse, multi-coloured, multifarious – displaying a great deal of coincidental contingency – different, marked and metaphorical. I like this atlas, because of its sensible yet unbridled subjectivity. It is about my country and at the same time it is not. But then again it is, because it is about creativity, and for sure Hungary is a highly creative country, just as every country is creative, meaning that its inhabitants are, without whom a country is a mere outline.*

*

The 19th*-century Hungarian poet Sándor Petőfi (after whom the largest number of streets have been named in Hungary) wrote in his 1846 poem* The Hungarian Nation: *"If the earth is God's head-dress, our country is its garland." This washed-out, overquoted, immortalised-in-tapestry metaphor has puzzled me ever since my childhood; it was not so much the garland, but the earth as the chapeau (with a curled-up brim?) on the head of the Almighty, onto which he stuck Hungary as his most beautiful province. I must admit I imagined God as somewhat like Atlas, with stringy, bronze-grey muscles, a painful look,*

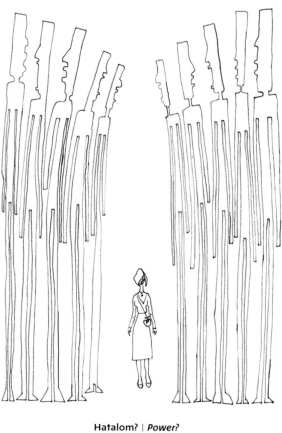

Hatalom? | *Power?*
Szolga Zsófi

*

Az édesanyám hasában eltöltött időt nem számítva, meglehetősen régen, 1953. október 12-ére virradóra jártam először Magyarországon. Jól megjegyeztem a dátumot, szeles, őszi éjszaka volt, ha a szemem nyitva tudtam volna tartani, gondolom, a szekszárdi kórház sárga vakolatának lámpásított reflexeit láthattam volna a szülőszoba mennyezetén. Azóta vagyok magyar állampolgár. Ha tehettem volna, és ha tehetném, nem éltem volna, illetve nem élnék *csak* itt. Túl tágas és izgalmas hely a világ ahhoz, hogy egyetlen helyen legyünk otthon benne, ha ugyan mi vagyunk otthon valahol, s nem az otthon van bennünk, amit kicsomagolunk hol itt, hol ott, többé vagy kevésbé. Az idegenséget alighanem csak valami otthonoshoz képest lehet bemérni és kitapasztalni. A haza ilyesmi, viszonyítási pont jó és rossz idegenségeinkhez. A bőröndöm mindenképpen Magyarország.

flowing tresses – the head-dress with the fluttering garland could not be easily reconciled with the image. There was something ridiculous, something moving about it. Atlas à la Petőfi. Incidentally, motherland is something like this, both ridiculous and moving.

*

Disregarding the time spent in my mother's belly, I first came to Hungary quite some time ago, at the dawn of the 12th day of October in 1953. I marked the date, it was windy, an autumn night, and had I been able to keep my eyes open I guess I would have seen the reflections of the lamps on the yellow plaster-work of the delivery room's ceiling in the Szekszárd hospital. Since then I have been a citizen of Hungary. Had I been able to do so, I would not have lived only here. The world is too wide and exciting a place for being at home in one spot only, assuming it is us who are at home somewhere rather than the home is inside us, ready to be unpacked sometimes here, sometimes there, sometimes more, sometimes less. Probably, foreignness can be gauged and experienced only relative to the familiar. The motherland is something like this, a point of reference for our good and evil peculiarities. My suitcase is definitely Hungary.

*

Which everything is Hungary? For instance, the country of shops with the shutters down, for sale or to let, the country of bad reflexes, heavy experiences that if something closes, it is then discontinued and will never ever restart. But Hungary is also the irrationally beautiful bend of Budapest's Elisabeth Bridge. It hugs the city-centre parish church like a big lout of a ferro-concrete lad – the church could have been pushed to the side, but no, they left it there like a yellow, old-time elderly relative in the armpit of the bridge. And let me not forget, Hungary is also snowflake. The Hungarian snowflake is definitely crystal-shaped, and there are no two identical ones – none, none, none. Well, it is the same with the non-Hungarian snowflake, but this does not diminish the fact that the Hungarian snowflake, severally and universally, is beautiful.

*

Hungary is nursery rhymes about spotted moo-cows without ears or tails, about geese about to freeze, about burning snails. Hungary is an owl with a copper cock. Hungary is a wall-hanging with Coke, mobile phone and hamburger, with the inscription "I like my baby". As to what a Hungarian wall-hanging is, that's difficult to explain to those who have never met one. Just as difficult as it is to explain what an "otthonka" is. I won't even try. The wall-hanging is simpler. "I like you Ilike"!

*

Mi minden Magyarország? Például a lehúzott redőnyű, eladó és kiadó üzlethelyiségek országa, ama rossz beidegződések, súlyos tapasztalatok országa, hogy ha valami egyszer bezár, abbamarad, az soha a büdös életben nem indul újra. De Magyarország például a budapesti Erzsébet híd irracionálisan szép kanyarulata is. Langaléta vasbeton kamaszként karolja át a Belvárosi Plébániatemplomot, az illetőt akár arrébb is tolhatták volna anno, de nem, otthagyták, mint valami sárga, hajdani bácsinénit a híd hónaljában. És, ki ne felejtsem, Magyarország hópihe is. A magyar hópihe definitíve kristály alakú, és nincs belőle két egyforma, nincs, nincs, nincs. Mondjuk a nem magyar hópihével is hasonlóképpen áll a helyzet, de ez nem von le semmit a tényből, hogy a magyar hópihe, úgy együtt, mint külön, gyönyörű.

*

Magyarország gyerekvers tarka, fületlen és farkatlan bocikról, megfagyó ludakról, véres lábú gólyákról, égő csigákról. Magyarország rézfaszú bagoly. Magyarország egy kólás, mobiltelefonos, hamburgeres, illetve egy „lájkolom a babámat" feliratú falvédő. Hogy mi a falvédő, azt elég nehéz elmagyarázni annak, aki sosem hallott róla. Éppoly nehéz elmagyarázni, mint az otthonkát, utóbbit itt meg sem kísérlem. A falvédő egyszerűbb. „I like tégedet, Ilike"!

*

Magyarország nem kis részben sátortetős családi ház. Hogy ki tervezte és építette az elsőt, hogy volt-e első, nem tudni, de egyszer csak mindenki olyat akart, mint a szomszédja. A múlt század hatvanas éveiben a magyar vidék ilyen házakat épített magának kalákában, az ugyanazság szolid változatait. Ez váltotta fel a tradicionális parasztházat, volt benne fürdőszoba, később lett víz is, és volt benne nappali. A tévé számára, amely köré életforma és kultúra épült villámsebesen. Mondhatnám, Magyarország a tévé köré városiasodott. S volt még, lett még a víkendház, a vityilló, ez a deszkából, pozdorjából, szögvasból, epedából összegányolt, berhelt, buherált, hétvégi tartózkodásra alkalmas, fedett hely. Megannyi kisforma, törékeny haiku a fodros-nádas magyar vízpartokon, megannyi kreatívum, nyaralóemlékmű.

*

Magyarország a kerítések országa, ahol a legcsekélyebb magántulajdon a legnagyobb bekerítői kreativitást hívta elő. A vas és acél országában vaslemez volt bőven, béke is volt, tehát harckocsi helyett nem ekevasat, hanem kaput és kerítést gyártott a nép. Fusiban, állami gépekkel, munkaidőben, épp csak ki kellett lopni a gyárból a készterméket, a *szoc-opart* e súlyos és légies példányait. Egyébként a magyarok

Hungary is, to no small extent, a family house with hip roof. It is not known who designed or built the first one, in fact it is not known whether there was a first one, but all of a sudden everyone wanted one, just like the neighbour's. These were the houses, sedate versions of sameness, that rural Hungary built in voluntary cooperation in the 1960s. They replaced the traditional peasant houses and had bathrooms, later also water. And they had sitting rooms. That was for the TV, around which a new lifestyle and culture evolved with the speed of lightning. I dare say Hungary was urbanised around television. And there was the weekend cottage, the hovel, that makeshift place with an improvised roof, knocked together out of planks, chipboard, angle-irons and bedsprings, but suitable for a weekend stay. Ever so many small forms, fragile haikus on the rippling-reedy Hungarian shores; ever so many products of creation, holiday memorials.

Vázlatok alternatív zászlóra | *Sketches for an alternative flag*
Rastätter Linda

*

Hungary is a country of fences, where even the least private ownership demands the most of creative spirit. In the country of iron and steel there were plenty of iron plates, there was peace, too, so the people manufactured not ploughshares, but gates and fences instead of tanks. Moonlighting it was, using state-owned machinery, done during working hours – all one had to do was to steal the finished products home, these heavy and ethereal copies of the soc-op-art. Incidentally, Hungarians can tolerate private ownership only so long as it is their own; when it comes to trust, however, they only trust private ownership. Most Hungarians live in their own houses or flats, getting stuck in them like Winnie-the-Pooh; their mobility is the mobile phone, they won't move ever again and they bung up the entrance with their own accumulated belongings. They are significant

a magántulajdont egyedül a sajátjukként képesek elviselni, bízni viszont csak a magántulajdonban bíznak. Magyarország nagyrészt saját házban vagy lakásban lakik, amelybe Micimackó módra bele is ragad, mobilitása a telefonja, nem költözik többé, saját fölhalmozott tárgyaival dugítja el a bejáratot. Jelentős újrahasznosító és guberátor, szent meggyőződése, hogy minden jó lehet még valamire, és tényleg, mindig minden jó valamire, épp csak ezer évig kéne élni, ebben a magyarok roppant optimisták, eddig bejött, bár a második ezer elején, a XX. században eléggé rezgett a léc. Ez is jó lesz valamire, egyszer lesz tán egy ország, amely használja az emlékezetét.

*

Magyarország Bódvalenke, ahol cigányfestők hatalmas színes freskói mozdulnak meg a házak koszlott falain. Magyarország a leszakadó keleti perem, a magára hagyott cigányság, az egyre súlyosbodó mélyszegénység, a nyomor, a nyüzsgő kilátástalanság országa. Bizonyos Rita és családja, akik vidáman, napsütöttén néznek a kamerába. Nélkülük nincs, és főleg nem lesz Magyarország.

*

Magyarország szőlőcukor és ruhacsipesz, cipőfűző és babaszappan. Rendőrök és szemetesek kanárimellénye a budapesti Moszkva téren. Magyarország házszámtáblák évnyi sokasága 1-től 365-ig, tábla-design, számköltészet, egy város, nevezetesen Budapest *numerikumai*. Magyarország számtalan kis ready-made, gyönyörű aknafedők, organikus kopások, mállások Klee és Miró és Országh Lili modorában. Mándys kicsi részletek beláthatatlan tömege, sebek a vakolaton, táblanyomok, flastromemlékek, endografittik – sorolnám, de sorolja helyettem inkább ez az album.

Édes otthon | *Sweet home*
Kerekes Kata

re-users and dustbin-rakers, displaying the sacred conviction that everything can be good for something and indeed, everything is always good for something, just that one would have to live a thousand years; in this, Hungarians are tremendously optimistic and so far it has worked, although the cross-bar rather quivered at the beginning of the second millennium, in the twentieth century. This, too, will be good for something, perhaps once there will be a country that uses its memory.

*

Hungary is Bódvalenke, where gigantic, colourful murals by Gypsy painters move across the worn walls of the houses. Hungary is the country of the Eastern edge falling behind, of the Roma left to themselves, of dire poverty becoming graver and graver, of destitu-tion, of teeming hopelessness. It is a certain Rita and her family, who merrily look into the camera, with the sun shining on them. Without them there is no, and what is more, there will be no Hungary.

*

Hungary is grape sugar and clothes peg, shoe-lace and baby soap. It is the canary waist-coat of policemen and dustmen in Budapest's Moscow Square. Hungary is a year's mul-titude of house number signs from 1 to 365, it is board design, the poetry of numbers, the numerics of a city, namely Budapest. Hungary is innumerable small, ready-made, beautiful manhole covers, organic wear and tear, crumbling in the style of Klee, Miró and Lili Országh. It is a boundless mass of tiny details à la Mándy, wounds in the mortar, marks on the walls, memories of plaster, endograffiti – I would go on but I will let this album list them instead of me.

*

I should have begun with the map. Can we say of a high-resolution aerial photograph that – voilà! – here is objective Hungary? Perhaps yes, but a map is not yet/no longer the country. Of course, the way the country looks at its own spatial extent, what it does with it is characteristic. The map, or rather the border is just as much a neuralgic, severely bur-dened outline as in other parts of the world; perhaps Hungarians believe this to be more serious and, subjectively, they may even be right. As also the neighbouring countries that, for their part, also think that the significance and opportunities of this outline are more severe. Nothing can help with this screw-up but ongoing, steadfast penetrability in between places, traumas, pains, appalling prejudices. An atlas like this, for instance, does help. It is not possible, for instance, to hit the other on the head with an atlas like this. It would be ever so ridiculous, it would not be possible in broad daylight and, looked at realistically, this is no meagre achievement.

A térképpel kellett volna kezdenem. Vajon egy nagy felbontású légifelvételre mondható-e, hogy íme az objektív Magyarország? Talán, de hát a térkép még/már nem ország. Hogy miként néz önnön kiterjedésére az ország, mit kezd vele, az persze jellemző. A térkép, azaz a határ e tájon épp oly neuralgikus, súlyosan terhelt körvonal, mint a világ más tájain, tán a magyarok ezt súlyosabbnak gondolják, és szubjektíve tán igazuk is van. Miképp a környező országoknak is, akik a maguk részéről úgyszintén súlyosabbnak gondolják e körvonal jelentőségét és lehetőségeit, ezen a gubancon semmi nem segít, csak a folytonos, rendíthetetlen átjárhatóság helyek, traumák, fájdalmak, rémes elfogultságok között. Egy ilyen atlasz például segít. Egy ilyen atlasszal például nem lehet fejbe csapkodni a másikat. Olyan nevetséges lenne, hogy fényes nappal nem lehet, és reálisan nézve ez már nem is kevés.

*

Az első világháború végéig fennálló, úgynevezett történelmi Magyarország grandiózus bécsi szeletéhez képest a mai Magyarország egy jó kiállású, gusztusos, az Esztergom–Kiskunhalas tengely mentén elég precízen egymásra hajtható rántott hús. De Magyarország előállítható, többek között, parafa dugóból, pirospaprikából, ikebanából, pillangóból, ketchupból, kirántmányokból és berántmányokból, édes anyaföldből és egy Rorschach-teszt ábráiból is. MagyaRorschach: ez a szó a kötet legerősebb szava, és alighanem lefordíthatatlan. HungaRorschach? Talán, de mi van az orschach-hal?

*

Persze, hogy mi az *orschach*, az csupán elégtelenül és esetlegesen írható körül. Hogy mi a haza. A haza például a nyelv. Magyarul a nyelvet, a szájban található izomcsomót és az ember identitását leginkább hordozó jelrendszert ugyanaz a szó, a finnugor eredetű *nyelv* szó jelenti. A magyar olyan nyelv tehát, ahol az elvont és a konkrét, az absztrakt és az érzéki hús-vér közelségbe kerül egy pillanat alatt. Ez konkrétan így is van. Az ország kismillió szag, íz, illat, édesség, keserűség, lobos őszinteség és savanyú kibeszéletlenség, térbeli, időbeli pókháló, értelmi és érzelmi fonadék, amely a teljesség, a reprezentativitás igénye, pláne görcse nélkül összeáll az az állag, amit itt és most, e két borító között „Magyarországként" definiálunk, természetesen szubjektíve, és újra elölről.

Relative to the grandiose Wiener Schnitzel of so-called historic Hungary, which existed until the end of the Great War, contemporary Hungary is a well set-up, appetizing piece of meat fried in breadcrumbs, which can be fairly precisely folded along the Esztergom-Kiskunhalas axis. Yet Hungary can be made up of cork, red pepper, ikebana, butterfly, ketchup, things fried and drawn in, the sweet earth of the motherland, and also from the figures of a Rorschach test. Magyarország – MagyaRorschach: this word, probably the most vigorous word of this volume, is probably untranslatable. HungaRorschach? Perhaps – but what's up with the orschach?

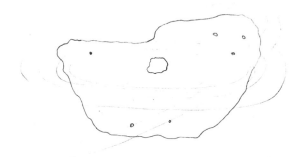

Budapest-galaxis | *Budapest Galaxy*
Madarassy Anikó

*

Of course, the nature and essence of the orschach can be described only in an inadequate and incidental manner. What is the motherland? The motherland is, for instance, its language. In Hungarian, the word "nyelv" of Finno-Ugric origin means both the bundle of muscles in the mouth known as the tongue and the set of signs that best carries people's identity – language. Hungarian is therefore a language where the abstract and the concrete, the sensual, come to the vicinity of meat and blood within a moment. Clearly, this is the case. The country is a million scents, flavours, fragrances, sweetness, bitterness, inflamed sincerity and sour unmentionables, a cobweb in time and space, intellectual and emotional matting, of which without a pretence at or even spasm of completeness and being representative, the stock comes into being which we define as "Hungary", here and now, within the front and back covers, naturally subjectively, and again, right from the very beginning.

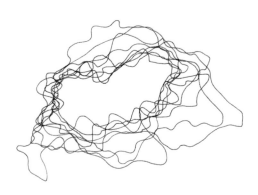

Hol vannak a határok? | *Where are the borders?*
Szolga Zsófi

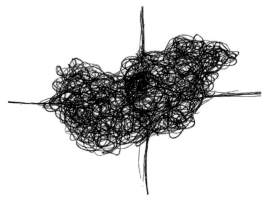

Kibogozhatatlan | *Inextricable*
Bölecz Lilla

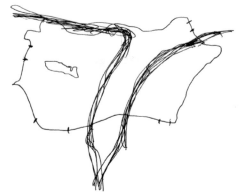

Firkált ország | *Doodling country*
Tömör Miklós

Szárnyak alatt | *Under the wings*
Porpáczy Zoltán

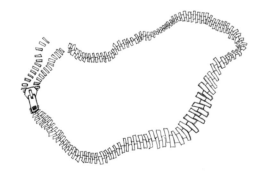

Cipzár | *Zipper*
Gelencsér Judit

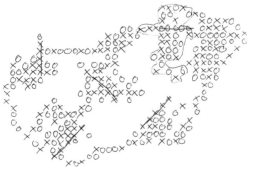

Csatatér | *Battlefield*
Tömör Miklós

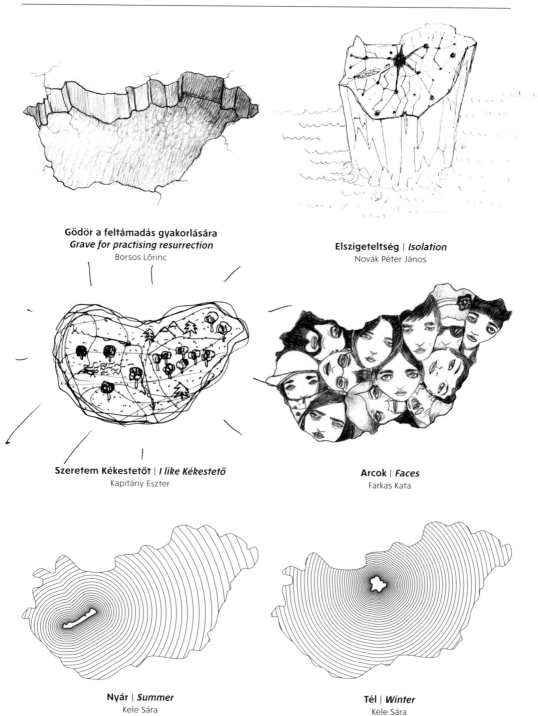

Gödör a feltámadás gyakorlására
Grave for practising resurrection
Borsos Lőrinc

Elszigeteltség | *Isolation*
Novák Péter János

Szeretem Kékestetőt | *I like Kékestető*
Kapitány Eszter

Arcok | *Faces*
Farkas Kata

Nyár | *Summer*
Kele Sára

Tél | *Winter*
Kele Sára

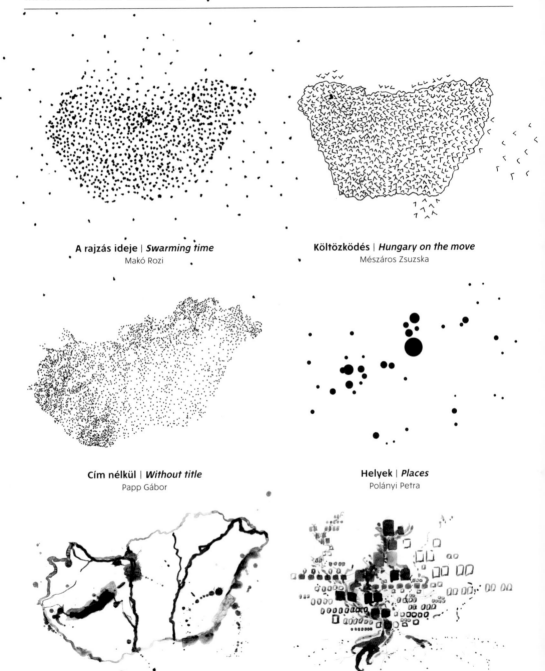

A rajzás ideje | *Swarming time*
Makó Rozi

Költözködés | *Hungary on the move*
Mészáros Zsuzska

Cím nélkül | *Without title*
Papp Gábor

Helyek | *Places*
Polányi Petra

Folyunk | *We are flowing*
Gelencsér Judit

A családfám – Gyökértelenül | *My family tree – Rootlessness*
Szolga Zsófi

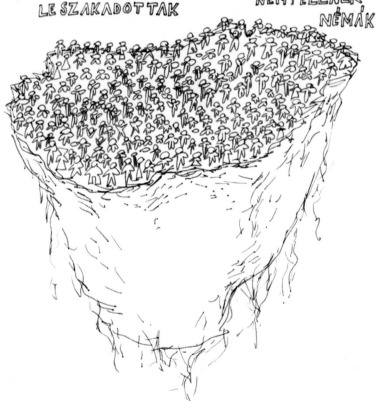

Gyökértelenül | *Rootlessness*
Szolga Zsófi

they can still hear despite the swarming I no longer cry · at least they are not alone yet I desire to be there · there are many of them they are alone · but in truth they are smaller (lesser) · they are swarming like sheep · they too are torn, falling behind, sexless dumb

Mit látsz? | *What do you see?*
Polányi Petra

MagyaRorschach | *HungaRorschach*
Gelencsér Judit

Szimmetria | *Symmetry*
Porpáczy Zoltán

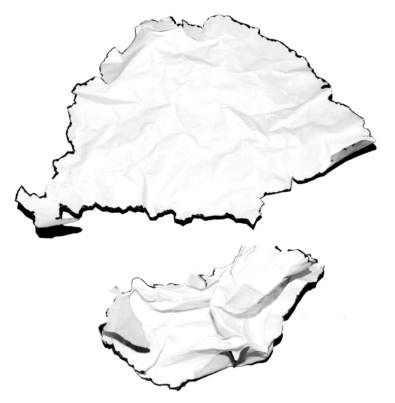

Zavarodott érzéseim Trianonról | *My crumpled-rumpled feelings about Trianon*
Bujdosó Attila

Kapocs | *Terminal*
Gelencsér Judit

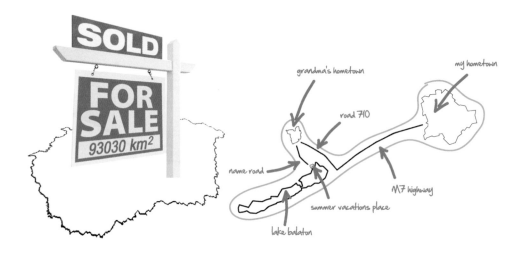

Eladva | *Sold*
Evva Ambrus

Magyarország határai a fejemben
The borders of Hungary in my mind
Smiló Dávid

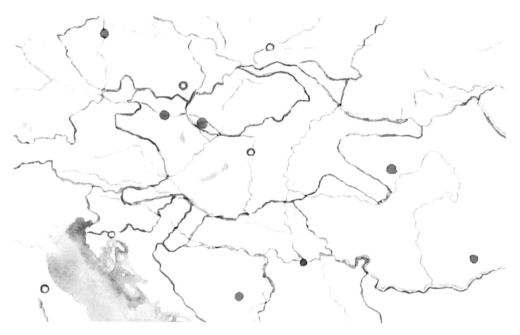

Azért háborúzni, hogy kiskutya alakú legyen az ország
To start a war to make Hungary doggy shaped
Fischer Judit

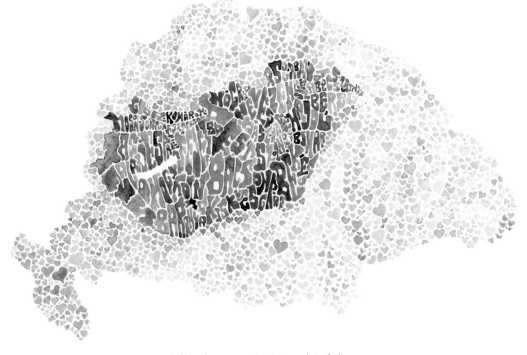

Véleményem szerint | *My point of view*
Borsa Aliz

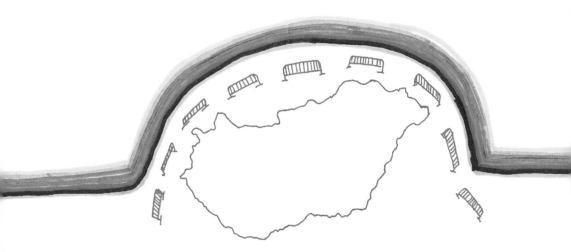

Büszkeség menete, 2007 | *2007 Gay Pride*
Korponovics Roland

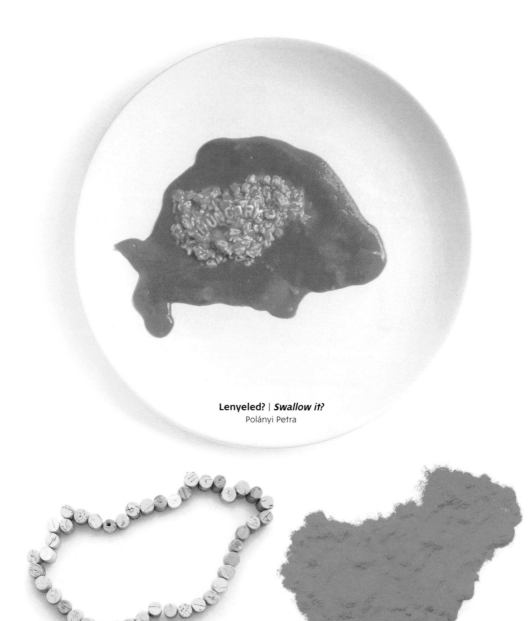

Lenyeled? | *Swallow it?*
Polányi Petra

Kóstolj! | *Taste it!*
Polányi Petra

Nem csíp | *Not hot*
Polányi Petra

Ne erőltessétek rám! | *Don't force me!*
Kasnyik Anna

Virágzó hagyomány | *Flowering tradition*
Gelencsér Judit

Fesztiválország | *Homeland of Festivals*
Polányi Petra

Trianon: metszés vagy csonkítás? | *Trianon: pruning or mutilation?*
Papp Zsolt

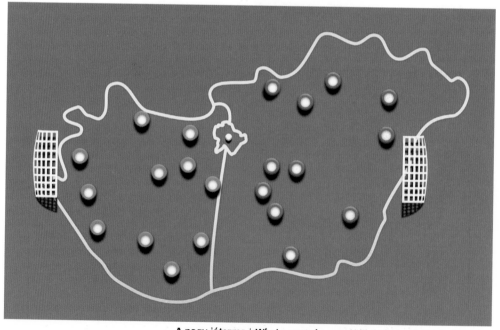

A nagy játszma | *What a game!*
Papp Zsolt

Az ország lélekben edzett embereket képez | *The country is training spiritually inured men*
Borsos János

Az ország lélekben megtört embereket képez | *The country is training spiritually broken men*
Borsos János

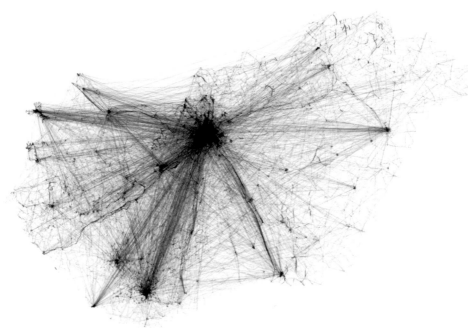

OpenFrameworksszel generált | *Built in openFrameworks*
Feles Dániel

Központosítás | *Centralisation*
Evva Ambrus

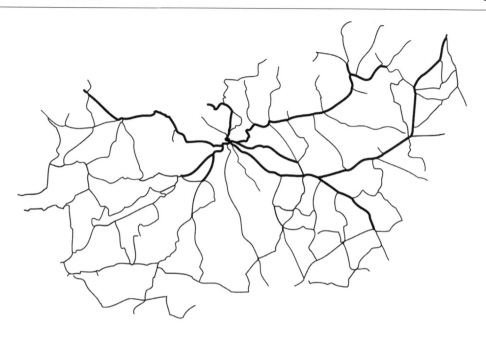

Vasúthálózat | *Railway network*
Varga Szilvia Marcella

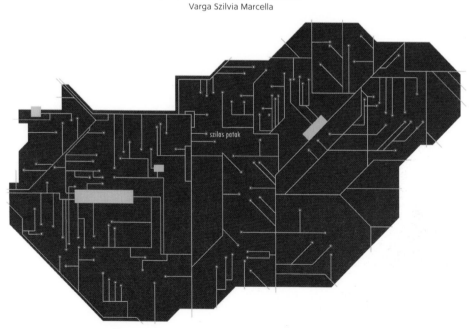

Minden fontos magyar folyó | *All important rivers of Hungary*
Tömör Miklós

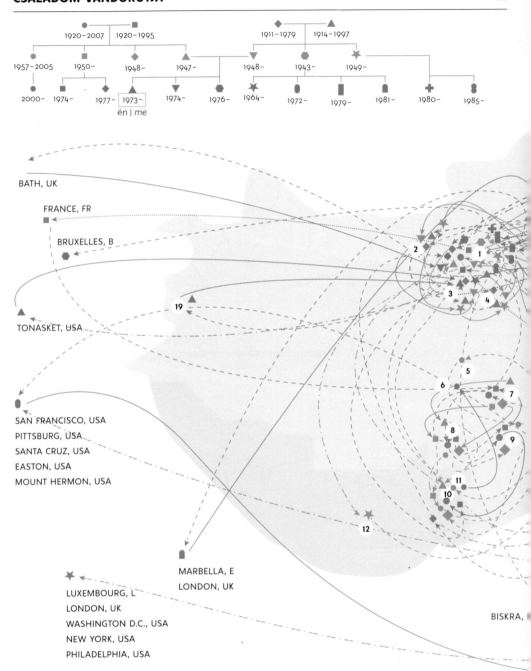

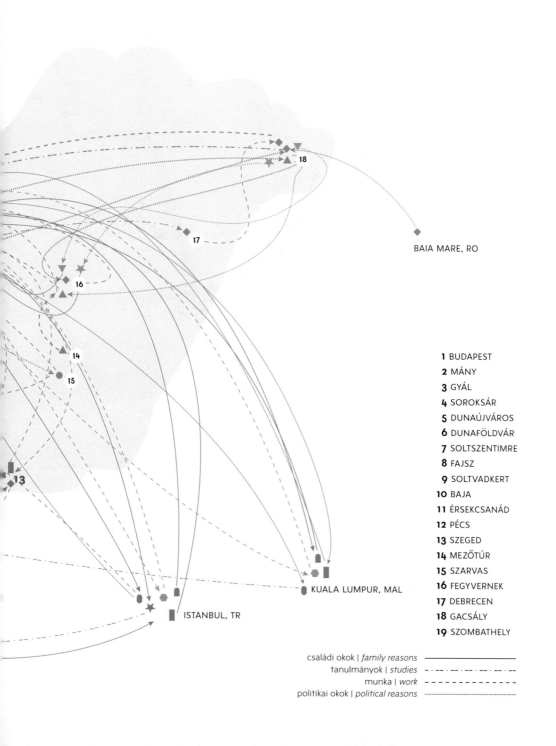

BAIA MARE, RO

1 BUDAPEST
2 MÁNY
3 GYÁL
4 SOROKSÁR
5 DUNAÚJVÁROS
6 DUNAFÖLDVÁR
7 SOLTSZENTIMRE
8 FAJSZ
9 SOLTVADKERT
10 BAJA
11 ÉRSEKCSANÁD
12 PÉCS
13 SZEGED
14 MEZŐTÚR
15 SZARVAS
16 FEGYVERNEK
17 DEBRECEN
18 GACSÁLY
19 SZOMBATHELY

KUALA LUMPUR, MAL

ISTANBUL, TR

családi okok | *family reasons* ————————
tanulmányok | *studies* — - — · — · — · —
munka | *work* — — — — — — — —
politikai okok | *political reasons* ·············

H OTTHON   *HOME*

1 **MUNKA A POSTÁN** 23,6 km otthonról,   *JOB AT A POST OFFICE 23.6 km from home,*
2006. szept. 1. – dec. 31. › 90 munkanap   *1 Sept. – 31 Dec. '06 › 90 working days*

90 × 2 × 23,6 km = 4248 km

2 **MUNKA EGY KÖNYVTÁRBAN** 19,8 km otthonról,   *JOB AT A LIBRARY 19.8 km from home,*
2007. márc. 1. – dec. 31. › 226 munkanap   *1 Mar. – 31 Dec. '07 › 226 working days*

226 × 2 × 19,8 km = 8949,6 km

3 **TANULMÁNYOK EGY PR-ISKOLÁBAN** 30 km otthonról,   *STUDYING AT A PR SCHOOL 30 km from home,*
2007. szept. 1. – 2008. jún. 31. › 224 tanítási nap   *1 Sept. '07 – 31 Jun. '08 › 224 school days*

224 × 2 × 30 km = 13 440 km

4 **DIÁKMUNKA I.** 21,5 km otthonról,   *STUDENT JOB I 21.5 km from home,*
2008. jún. 15. – aug. 31. › 61 munkanap   *15 Jun. – 31 Aug. '08 › 61 working days*

61 × 2 × 21,5 km = 2623 km

5 **DIÁKMUNKA II.** 23,5 km otthonról,   *STUDENT JOB II 23.5 km from home,*
2008. nov. 20. – 2009. márc. 1. › 79 munkanap   *20 Nov. '08 – 1 Mar. '09 › 79 working days*

79 × 2 × 23,5 km = 3713 km

Σ **AZ ÖSSZES ELVESZTEGETETT UTAM**   *ALL THE KILOMETRES I WASTED*

4248 km + 8949,6 km + 13 440 km + 2623 km + 3713 km = **32 973,6 km**

Érettségi után nem igazán tudtam, mit is kezdjek magammal. A szüleim szerették volna, ha olyan szakmát választok, amely hasznos lehet a jövőben. Mivel nem tudtam dönteni, helyette különböző munkákat vállaltam. Mind szörnyű élmény volt, így beiratkoztam egy marketing- és PR-iskolába, ami talán „hasznomra" válhat. Ez is szörnyű volt, ezért emellett elkezdtem dolgozni. Minden egyes alkalommal ugyanazon az útvonalon kellett hazamennem, mint amelyen jöttem, ami teljesen az idegeimre ment. Ekkor kerültem a Képzőre, ahol azonnal otthon éreztem magam.

Visszagondolva, azt a két évet teljesen elvesztegetettnek éreztem. Hogy ezt kifejezzem, készítettem egy statisztikát arról, mennyi időt és kilométert kellett elvesztegetnem ahhoz, hogy végre rájöjjek, csak magamra szabad hallgatnom.

I graduated from high school with one of the best final exams in arts. My parents wanted me to study for a "real" job that could be useful in the future. I didn't want to go to university, and did several jobs instead. They were all awful, so I applied for a "useful" marketing and PR school. But it was terrible and I started to work beside studying. With all the jobs I always had to go home along the same route as I came. It totally got on my nerves and finally drove me crazy. At that time I realized I was able to do only what I really wanted to do, whatever that was. So I went to the Hungarian University of Fine Arts, where I immediately felt at home.

Looking back, I felt those two years were totally wasted. To express this I compiled statistics on how much time and kilometres were wasted to realize I had only to listen to myself and to follow my own way.

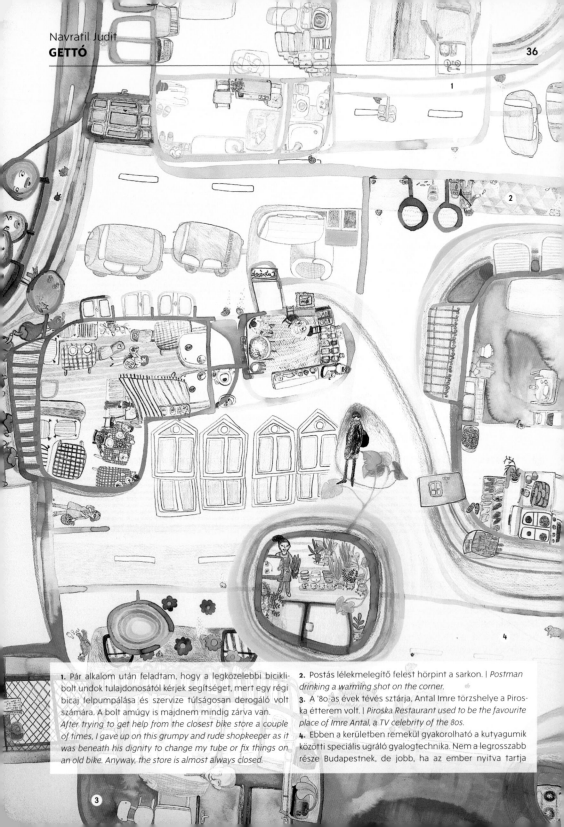

1. Pár alkalom után feladtam, hogy a legközelebbi bicikli-bolt undok tulajdonosától kérjek segítséget, mert egy régi bicaj felpumpálása és szervize túlságosan derogáló volt számára. A bolt amúgy is majdnem mindig zárva van.
After trying to get help from the closest bike store a couple of times, I gave up on this grumpy and rude shopkeeper as it was beneath his dignity to change my tube or fix things on an old bike. Anyway, the store is almost always closed.

2. Postás lélekmelegítő felest hörpint a sarkon. | *Postman drinking a warming shot on the corner.*
3. A '80-as évek tévés sztárja, Antal Imre törzshelye a Piros-ka étterem volt. | *Piroska Restaurant used to be the favourite place of Imre Antal, a TV celebrity of the 80s.*
4. Ebben a kerületben remekül gyakorolható a kutyagumik közötti speciális ugráló gyalogtechnika. Nem a legrosszabb része Budapestnek, de jobb, ha az ember nyitva tartja

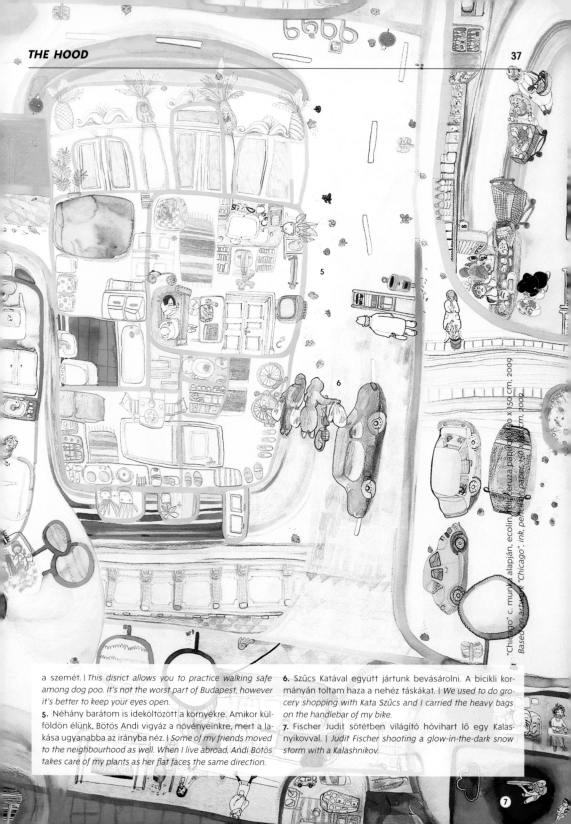

"Chicago" c. munka alapján, ecolin, tus, ceruza papíron, 110 x 150 cm, 2009
Based on artwork "Chicago", ink, pencil on paper, 150 x 110 cm, 2009.

a szemét. | *This disrict allows you to practice walking safe among dog poo. It's not the worst part of Budapest, however it's better to keep your eyes open.*

5. Néhány barátom is ideköltözött a környékre. Amikor külföldön élünk, Bötös Andi vigyáz a növényeinkre, mert a lakása ugyanabba az irányba néz. | *Some of my friends moved to the neighbourhood as well. When I live abroad, Andi Bötös takes care of my plants as her flat faces the same direction.*

6. Szűcs Katával együtt jártunk bevásárolni. A bicikli kormányán toltam haza a nehéz táskákat. | *We used to do grocery shopping with Kata Szűcs and I carried the heavy bags on the handlebar of my bike.*

7. Fischer Judit sötétben világító hóvihart lő egy Kalasnyikovval. | *Judit Fischer shooting a glow-in-the-dark snow storm with a Kalashnikov.*

Sinya, a Critical Mass egyik szervezője másfél éve napról napra megszámolja, hogy egy lámpakör alatt (90 mp, amíg minden irányból egyszer zöld lesz) hány biciklis halad át a Deák téri kereszteződésen minden reggel, ugyanabban az időben. A statisztika a havi átlagot mutatja 2010-ben. A projekt célja bebizonyítani, hogy a kerékpárosok száma évről évre duplázódik Budapesten.

Sinya, a Critical Mass organiser has been counting the number of cyclists passing Deak square during one traffic light cycle (roughly 90 seconds) at the same time every morning for one and a half years. The statistics show the values on a monthly basis in 2010. The aim of the project was to prove that the number of cyclists have doubled within one year, they're on a steady rise due to the Critical Mass movement.

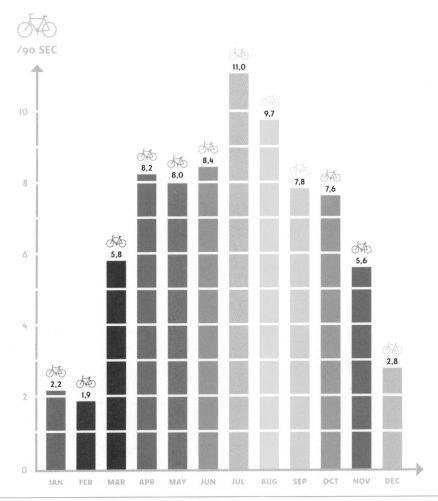

4000 biciklis | *cyclists*
September 22, 2004

10 000 biciklis | *cyclists*
April 22, 2005

20 000 biciklis | *cyclists*
September 22, 2005

32 000 biciklis | *cyclists*
April 22, 2006

50 000 biciklis | *cyclists*
April 22, 2007

A budapesti Critical Mass szervezőinek nagyon sokat köszönhetnek az ország kerékpárosai és közlekedői. Évről évre duplázódik a bringások száma, és több tízezres tömegek vesznek részt a megmozdulásokon. A mozgalom teljesen önkéntes, a kerékpáros rendezőktől a profi grafikusokig mindenki ingyen adja tudását és lelkesedését a cél érdekében.

Budapest cyclists owe a lot to the organisers of Critical Mass: the number of cyclists (on the streets) doubles from year to year, and the event is regularly attended by tens of thousands of people. Ever since the beginning the movement has been based entirely on the work of volunteers; from the event organisers in their green t-shirts to the professional graphic artists, everyone contributes their expertise and enthusiasm for free.

Fotó | Photo: **Soltész Noémi**

60 000 biciklis | *cyclists*
April 20, 2008

10 000 biciklis | *cyclists*
September 22, 2008

30 000 biciklis | *cyclists*
April 19, 2009

35 000 biciklis | *cyclists*
April 24, 2010

10 000 biciklis | *cyclists*
September 22, 2010

Amikor elegem lesz a munkából, néha bekapcsolom magamnak a Google Földön a repülőgép-szimulátort. Ez számomra nagyon pihentető és megnyugtató.
Sometimes, when I get fed up with work, I switch on the flight simulation in Google Earth. I find this highly relaxing and restful.

Mindig Budapest felett repülök, amit nagyon élvezek. Dél felől szoktam kezdeni az utamat. Ez nem véletlen, mert így szépen sorban…
I always fly above Budapest, which I enjoy very much. I like to begin my flight from the south. This is no accident, because in this way…

…át tudok repülni az összes híd alatt, amelyek összekötik Pestet és Budát. Épp úgy csinálom, mint Besenyei Péter műrepülő világbajnok szokta. Besenyei Péter nagyon ügyes.
…I can fly through all the bridges that connect Pest and Buda, one after the other. I do it just the same as Péter Besenyei world champion in aerobatics. Peter Besenyei is highly skilled.

Kiszemelem a hidat, belemanőverezek abba a síkba, amelyikről biztosan tudom, hogy már a híd pályája alatt van… És huss, már át is repültem alatta.
I pick the bridge, I manoeuvre to the attitude that I know for certain is below the level of the bridge… and whoosh I am already through.

Utána általában keresek magamnak egy nagyobb épületet, és valami új trükköt hajtok végre rajta. Ez tényleg rendkívül szórakoztató.
Usually, I look for a larger building and perform some trick on it. This is really extremely entertaining.

Mi lehet szórakoztatóbb, mint átrepülni a Szent István-bazilika tornyai és kupolája között?
Could there be anything more entertaining than flying between the towers of the St. Stephan Basilica and its dome?

Néha eltévedek, és olyan helyek felett repülök Budapesten, ahol a valóságban még sohasem jártam. Ipar- és lakótelepek, alvóvárosok. Ez igen érdekes érzés, mert én belvárosi vagyok.
Sometimes I get lost and fly above a place in Budapest where, in reality, I have never been. Industrial and housing estates, sleeping cities. This is a really peculiar feeling, as I am from the city centre.

Van, hogy nagyon magasról csak engedem zuhanni a gépet. Most épp a Papp László Sportaréna felé közeledem. Ott már a valóságban is voltam, legutóbb talán hokimeccset néztem.
It happens that I just let the plane fall, from very high. Right now, I am heading towards the László Papp Sport Arena. I have been there in reality, maybe the last time at a hockey match.

Máskor csinálok dolgokat, amiket még Besenyei Péter sem merne. Például végigrepülök a Rákóczi úton a házak között. Ez igen kockázatos, mivel a Rákóczi út egy repülőnek nagyon keskeny...
At other times I do things that not even Péter Besenyei would dare to do. Like I fly through Rákóczi Street, among the houses. This is very risky, as Rákóczi Street is very narrow for a plane...

...vagy éppenséggel fejjel lefelé repülök perceken keresztül. Könnyű így elveszíteni a tájékozódási képességedet. Ez itt felettem, azt hiszem, a Kálvin tér.
...or else I fly upside down for minutes. It is easy to lose one's sense of direction this way. Above me is Kálvin Square, I guess.

Az eddigi legbátrabb manőverem az volt, amikor keresztben repültem át az Erzsébet híd pilonjai között.
My most courageous manoeuvre so far was when I flew along Elisabeth Bridge, in between its pylons.

Ez egy nagyon összetett manőver, büszke is vagyok rá, hogy meg tudom csinálni, bár azóta mindennap gyakorlom, és egyre jobban megy.
This is a highly complex manoeuvre, I am really proud that I can do it, although I have been practising it every day and am becoming better and better at it.

Volt egyszer, hol nem volt, hetedhét országon is túl, volt egyszer egy nagyváros, egy templom meg egy híd. A templom igen vén volt, már senki sem emlékezett arra, mikor is építhették, a hosszú évszázadok súlyát, a nagyváros múltját viselte magán. A híd viszont fiatal volt és erős, diadalmasan átnyúlt a nagy folyón, amely kettészelte a várost. A templom az emberek lelkét ápolta, földön túli sorsuknak vette gondját. A híd viszont a száguldozó autókat segítette, az emberek mindennapi gondjait orvosolta. Tán szerették egymást? Tán gyűlölték egymást? A híd átkarolta a templomot, de nem ért hozzá soha. A templom a híddal szemben állt, de nem nézett reá soha. A híd tán a templomot akarta védeni? Tán próbálta magától ellökni?

Így éltek, éldegéltek: oly közel egymáshoz, és mégis oly mérhetetlenül távol egymástól.

Illusztráció | Illustration
Bölecz Lilla

Once upon a time in a land far, far away, there was a big city, a church and a bridge. The church was very, very old, there was no one who could remember when it could have been built. It bore the weight of centuries and the past of the metropolis on its shoulders. The bridge was young and strong, reaching triumphantly over the river that divides the city. The church took care of the soul of the people, dealing with their unearthly fate, while the bridge handled their everyday problems: helping the cars rushing by. Did they love each other? Did they hate each other? The bridge put its arm around the church, without ever touching it. The church stood opposite the bridge, but never looked at it. Did the bridge try to defend the church? Or maybe to push it away?

They lived this way, so close to each other, and yet so immensely apart.

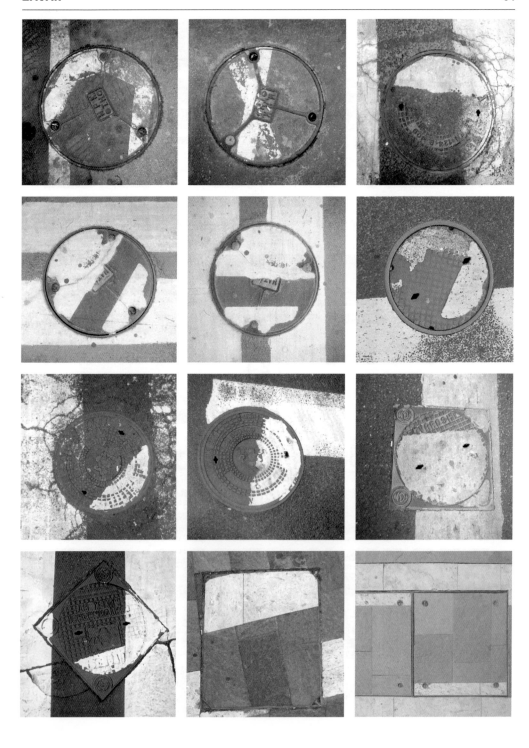

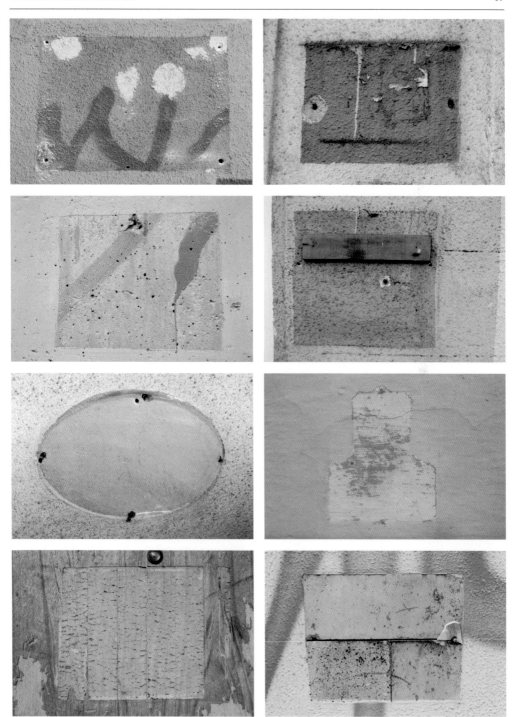

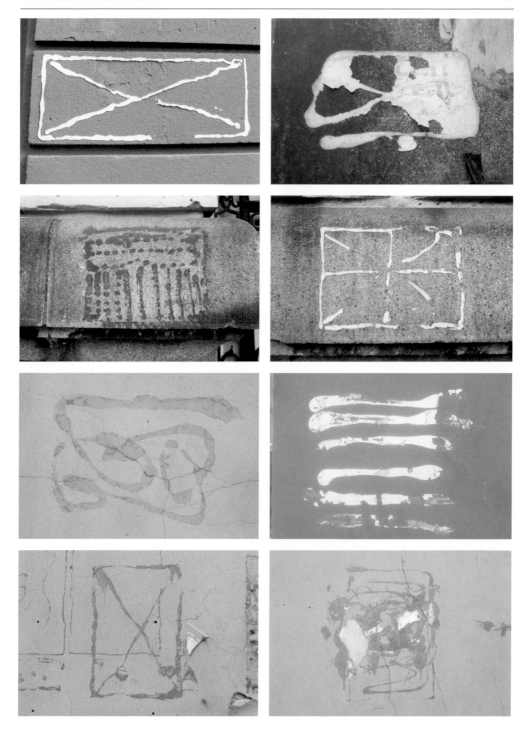

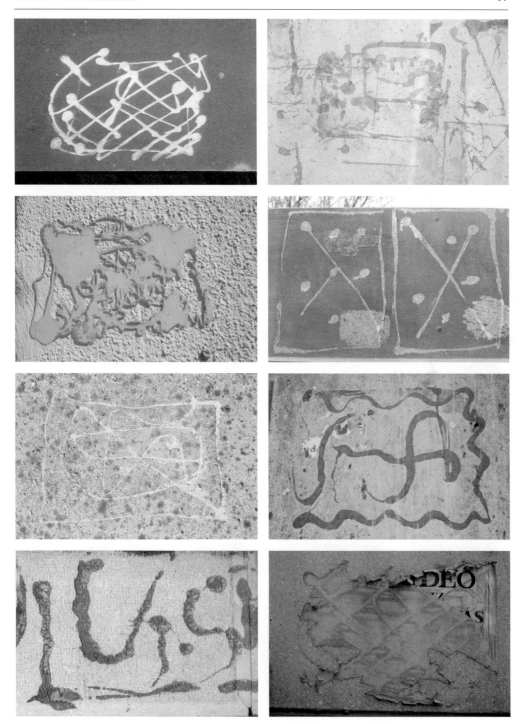

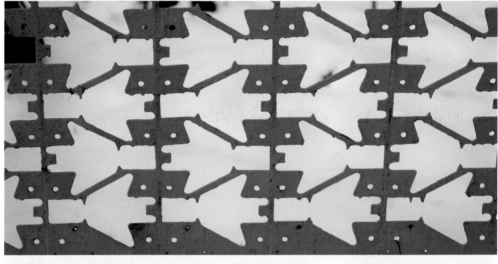

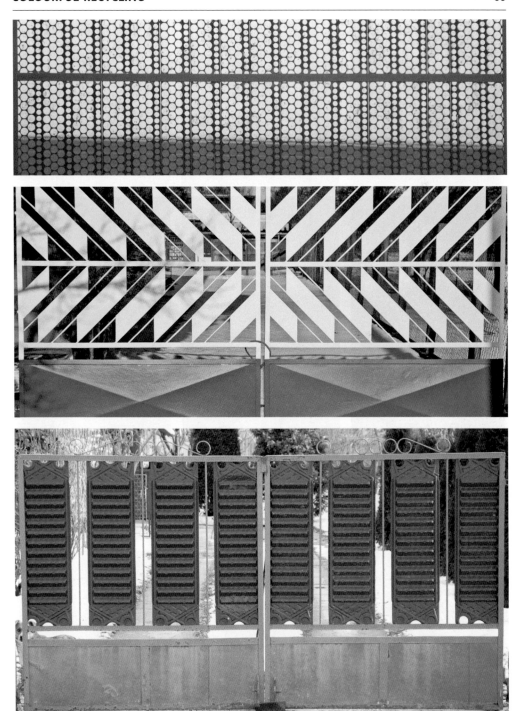

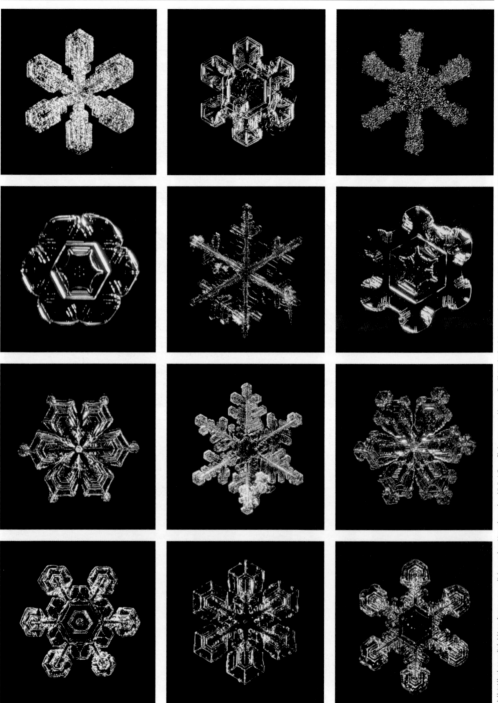

A hókristályok egyediek: két egyforma nem volt és nem lesz. Vannak azonban közös jellemzők, így csoportokba sorolhatók (Kepler [1611], Descartes [1635], W. Bentley [1931], U. Nakaya [1954]). Az itteniek 2010 és 2011 telén, a gödöllői dombvidék fölött keletkeztek. *The snowflakes are unique. There are no two alike and never will be. But similarities can be observed, thus scientists have classified them (Kepler [1611], Descartes [1635], W. Bentley [1931], U. Nakaya [1954]). This collection came form the hills surrounding Gödöllő.*

A Kolorista | *The Colourist*

A Modern | *The Modernist*

A Takaros | *The Natty*

A Precíz | *The Precise*

A Maximalista | *The Maximalist*

A Flegma | *The Flip*

A Csinos | *The Neat*

A Skandináv | *The Scandinavian*

A Naturalista | *The Naturalist*

A Minimalista | *The Minimalist*

A Kényelmes | *The Comfy*

A Konstruktivista | *The Constructivist*

Január: jácint
January: hyacinth

Február: krizantém
February: chrysanthemum

Március: barka és jácint
March: catkin and hyacinth

Április: rózsa és őszirózsa
April: rose and aster

Május: rózsa
May: rose

Június: kardvirág és műszegfű
June: gladiolus and plastic carnation

Július: rózsa és műszegfű
July: rose and plastic carnation

Október: margaréta, őszirózsa, barka és műrózsa
October: marguerite, aster, catkin and plastic rose

Augusztus: rózsa, rezgő és műszegfű
August: rose, gypsophila and plastic carnation

November: őszirózsa
November: aster

Szeptember: rózsa és műszegfű
September: rose and plastic carnation

December: krizantém
December: chrysanthemum

Minden hónapban kimegyek a családi sírhoz, és kiviszem azt a virágot, amely abban a hónapban nyílik.
I visit the family grave every month and bring flowers that bloom that particular month.

A népszerű környékek fontos utcáin az üzlethelyiségeket többnyire kibérelték, azonban a főutcákba torkolló mellékutcákban problematikus helyzetben vannak, noha meglehetősen kedvező árak várják az új vállalkozásokat: a VII–VIII. kerületben például 50 négyzetméteres üzlethelyiség már 60 ezer forintért is bérbe vehető, és 100–150 ezer forintért nagyobbak is rendelkezésre állnak.

While shops on the main roads of popular neighbourhoods are mostly rented out, their side streets still struggle with problems, though rather favourable prices are available to new businesses: in the 7th–8th districts for example, it is possible to find 50 square metres retail space for rent from 60,000 HUF (€ 225), and larger shops are available for around 100,000 to 150,000 HUF (€ 350 – € 570).

1999-ben nyitották meg a WestEnd City Center bevásárlóközpontot, amely megépítése idején Közép-Kelet-Európa legnagyobb bevásárlóközpontja volt. 186 000 m², több mint 400 üzletnek ad otthont.

WestEnd City Center in Budapest (opened in 1999) is known for having been the largest mall in Central and Eastern Europe until larger ones were built. It is 186,000 m² and home to over 400 shops.

Σ **7971**
Nappali | *Living room*

Hálószoba | *Bedroom*
Σ **6269**

Ketten lakunk egy 63 m²-es lakásban, és 19 621 tárgyunk van.
Two of us share a flat of 63 m² and have 19,621 objects.

Konyha | *Kitchen*
Σ 1281

Σ 349
Előszoba | *Entrance hall*

Fürdőszoba | *Bathroom*
Σ 573

Kamra | *Larder*
Σ 3178

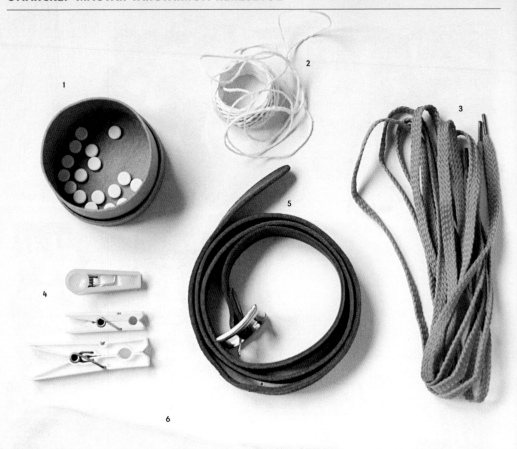

magyar C-vitamin **1.** *Hungarian vitamin C*

hobbimadzag **2.** *hobby shop string*

cipőfűző a Keleti pályaudvarról **3.** *shoelaces from Keleti Railway Station*

valószínűleg a lakótársam csipeszei **4.** *probably my flatmate's plastic pegs*

anyámtól kapott bőröv, amelyet 1989 előtt vett valamikor **5.** *leather belt my mother bought some time before 1989*

kesztyű egy XII. kerületi turkálóból **6.** *mittens found in a second-hand shop in the 12th district*

magyar fogpiszkáló **7.** *Hungarian toothpicks*
szőlőcukor **8.** *grape sugar tablets*
helyi kamillatea **9.** *local chamomile tea*
Baba szappan **10.** *"Baba" baby soap*

Észrevettem, hogy sem apám, sem én nem szeretjük a csillárokat.
I realized neither my father nor I like chandeliers.

Erik (11) fiam hobbija a tájfutás és az olvasás. | *My son Erik's (11) hobbies are orienteering and reading books.* Imola (10) lányom zongorázik, szereti a logikai játékokat. | *My daugter Imola (10) plays the piano and does many logical games.* Tamara (8) lányom kedvence a rajzszakkör, szeret trambulinozni. | *My daughter Tamara's (8) favourite subject is art and she loves the trampoline.*

Elias (10) focizik, kedvenc tantárgya a testnevelés. | *Elias (10) plays soccer and his favourite subject is PE.* Josh (8) szereti a matekórát, és szeret számítógépezni. | *Josh (8) likes maths and using his computer.* Joel (11) rendszeresen biciklizik, szereti a rajzórát. | *Joel (11) cycles regularly and loves art.*

András (13) szeret gyermekvasutas lenni, és baseballozik is. | *András (13) likes working on the Children's Railway and plays baseball.* Peti (8) furulyázik, szeret a kisautóival játszani. | *Peti (8) plays the recorder and likes to play with his toy cars.* Gergő (11) hegedül és énekel. | *Gergő (11) plays the violin and sings as well.*

Timi (10) szeret rockyzni és gyöngyöt fűzni. | *Timi (10) dances rocky and likes beadcraft.* Niki (8) hobbija a versírás, és szeret a plüssállataival olvasni. | *Niki's (8) hobby is verse writing and she loves reading with her soft toys.*

Bogi (11) egyformán szeret gyermekvasutas lenni és színiiskolába járni. | *Bogi (11) likes working on Children's Railway and going to drama school.* Barnabás (8) szereti a tömegközlekedést és a kertészkedést. | *Barnabás's (8) favourite activity is travelling on public transport and gardening.*

Barna (8) szeret síelni és favonatot építeni. | *Barna (8) likes skiing and building model railways.*

Gabi (10) hobbija a lovaglás, és a barátaival szívesen játszik ipiapacsot. | *Gabi's (10) hobby is horse riding and she likes playing hide-and-seek with her friends.*

Habibullah (10) szeret olvasni, kedvenc tantárgya a matematika. | *Habibullah (10) likes reading books and his favourite subject is mathematics.* Ahmedullah (7) szeret a kisautóival játszani és focizni. | *Ahmedullah (7) loves his toy cars and soccer.*

Lin Han In (20) egyetemre jár. | *Lin Han In (20) is studying at university.* Qin Li Da (10) szeret sportolni és a barátaival beszélgetni. | *Qin Li Da (10) likes doing sports and talking with her friends.*

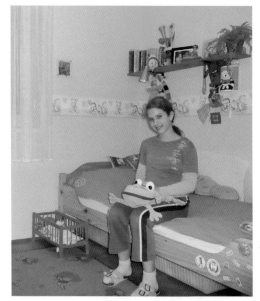 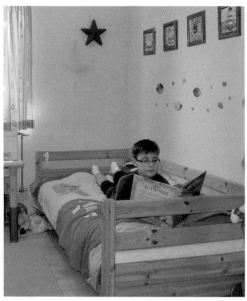

Fruzsi (10) kedvenc tantárgya a történelem, és rajzszakkörre is jár. | *Fruzsi's (10) favourite subject is history and she also does art.*

Levente (11) kosárlabdázik és szeret olvasni. | *Levente (11) plays basketball and likes reading books.*

1990 – Dóri
koldus | *beggar*

1991 – Petra
pillangó | *butterfly*

1992 – Vajk & Rege
kínai, tündér | *Chinese, fairy*

1993 – Judit
Madonna

1998 – Ábel
Pókember | *Spiderman*

1999 – Andris
gomba | *mushroom*

2000 – Marci
Poirot

2001 – Gergő
hokijátékos | *hockey player*

2006 – Magdi, Málna, Buppa
A Hihetetlen család | *The Incredibles*

2007 – Jázmin
Túró Rudi

2008 – Lóci
Spongyabob | *SpongeBob*

1994 – Zsuzsi
részeg | *drunk*

1996 – Márti
Miki egér | *Mickey Mouse*

1996 – Enikő & Anna
ikrek | *twins*

1997 – Dóri
koldus | *beggar*

2002 – Adél
Miss Europe

2003 – Erik, Imola, Tamara
nyuszi, róka, maci | *rabbit, fox, bear*

2005 – Tomi
mobiltelefon | *mobile phone*

2008 – Írisz, Petra, Marci, Jonatán
rockbanda | *rockband*

2009 – Málna
nyerőautomata | *slot machine*

2010 – Laura
Hannah Montana

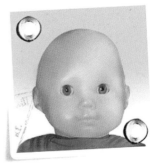

A barátnőm unokahúgának babagyűjteménye | The doll collection of my girlfriend's niece

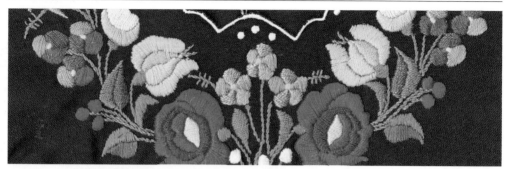

Színes kalocsai minta (blúz saját részre), 1960 | *Colourful pattern from Kalocsa (blouse for herself), 1960*

Rábaközi pávás minta (falvédő), 1968 | *Peacock pattern from Rábaköz (wall-hanging), 1968*

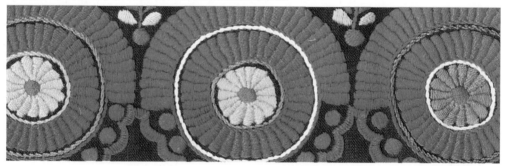

Hetési tányérrózsás minta (szoknya édesanyámnak), 1970 | *Platter-rose pattern from Hetés (skirt for my mother), 1970*

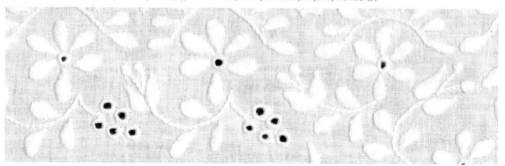

Korai kalocsai minta (nővérem keresztelőjére), 1975 | *Early Kalocsa pattern (for the baptism of my sister), 1970*

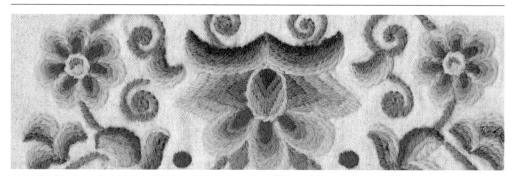

Hódmezővásárhelyi minta (asztali futó az új lakásba), 1985 | *Pattern from Hódmezővásárhely (tablerunner for the new flat), 1985*

Hetési tányérrózsás minta (blúz néptáncelőadásomra), 1994 | *Platter-rose pattern from Hetés (blouse for my folk dance performance), 1994*

Rábaközi hétszegfűs minta (párna nővéremnek karácsonyra), 1997 | *Seven carnation pattern from Rábaköz (cushion for my sister, for Christmas), 1997*

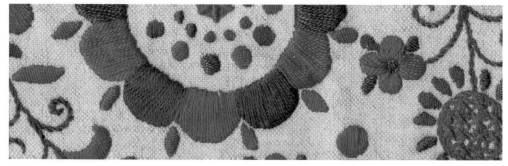

Somogy megyei minta (asztalterítő-kiállításra), 2003 | *Pattern from Somogy County (tablecloth for an exhibition), 2003*

I like my baby

Wine, wheat and peace

Home blessing

Bódvalenke 90%-ban roma, mélyszegénységben élő falu (az egy főre jutó havi jövedelem nem éri el a 16 ezer forintot), gyönyörű környezetben, a szlovák határ közelében.

A Freskófalu projekt célja a falu kiemelése az elszigeteltségből és a szegénységből azzal, hogy roma festőművészeket hívunk meg, hogy fessenek freskókat a házak falára, így létrejön az európai roma festészet hatalmas, szabadtéri tárlata – ami odavonzhatja a turistákat, ez munkahelyeket teremthet, és létrejön a kultúrák közötti párbeszéd új tere.

Bódvalenke is a 90% Roma village steeped in dire poverty (per capita monthly income is roughly € 50) located in a picturesque setting in the east of Hungary, close to the Slovakian border.

The Fresco Village project aims at pulling the village out of its isolation and poverty by inviting Roma painters to paint murals on the walls of the houses creating a permanent, open-air exhibition of Roma painting – and thereby attracting tourists to provide jobs and a new venue for intercultural dialogue.

1987. július 25. · Megszülettem.   25 July 1987 · I was born.

1992. szeptember 13. · Pink Piknik.   13 September 1992 · Pink Picnic.

1993. november 26 – december 1.   26 November – 1 December, 1993
Pink Week a Toldi moziban.   Pink Week in Toldi Cinema.

1996 · Ez lehetett az év, amikor rájöttem, hogy külön-
bözöm a társaimtól. Ekkor még nem tudtam, hogy
homoszexuális lennék, de éreztem, hogy más vagyok.

1996 · This could be the year when I realized
that I'm different from the others. I didn't know
it was called homosexuality, but felt I'm not the same.

16 January 1999 · DAMKÖR (South Alföld Gay Friendship Circle) – The first gay union founded.

1999. január 16. · DAMKÖR (Dél-Alföldi Meleg Baráti Kör) – Az első melegszövetség alapítása.

2006 · First time I visited a gay bar.

2006 · Először voltam melegbárban.

October 2006 · My coming out to my best friend Julia, although for her it was obvious.

2006. október · Elmondtam Júliának, a legjobb barátomnak, hogy meleg vagyok, bár ez nyilvánvaló volt.

5-7 July 2007 · Violent attacks against the participants of the Gay Pride. Gábor Szetey (then under-secretary) is come out.

2007. július 5-7. · Erőszakos támadások a melegfelvonulás résztvevői ellen. Szetey Gábor nyiltan vállalja szexualitását.

2008 · I stopped hiding my sexual orientation from my other friends and the outside world, although I hadn't yet mentioned it to my family.

2008 · Vállaltam szexuális indentitásomat a külvilág felé, habár a családom továbbra sem tudott erről.

1 July 2009 · Bill on registered partnership adopted.

2009. július 1. · Elfogadták a regisztrált élettársi kapcsolatról szóló törvényjavaslatot.

2009 · I told one of my cousins I'm gay.

2009 · Elmondtam az unokatestvéremnek, hogy meleg vagyok.

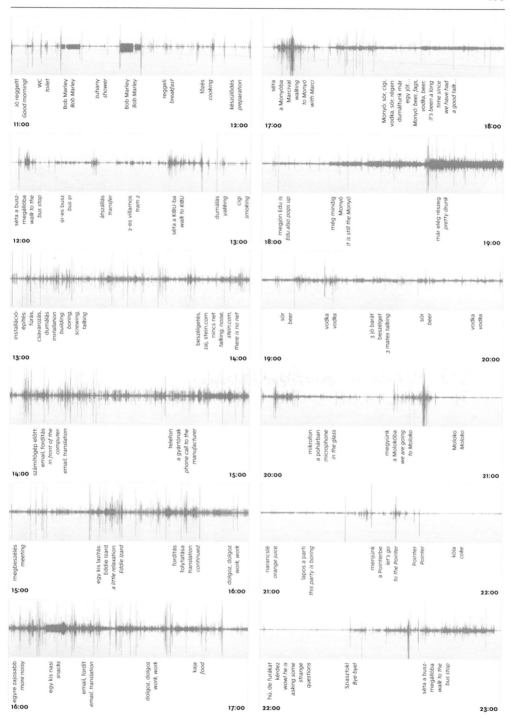

jó reggelt!
Good morning!
WC
toilet
Bob Marley
Bob Marley
zuhany
shower
Bob Marley
Bob Marley
reggeli
breakfast
főzés
cooking
készülődés
preparation

11:00   **12:00**

séta
a Monyóba
Marcival
walking
to Monyó
with Marci
Monyó: sör, cigi,
vodka, sör; régen
dumáltunk már
egy jót…
Monyó: beer, fags,
vodka, beer;
it's been a long
time since
we have had
a good talk…

17:00   **18:00**

séta a busz-
megállóba
walk to the
bus stop
91-es busz
bus 91
átszállás
transfer
2-es villamos
tram 2
séta a KIBU-ba
walk to KIBU
dumálás
yakking
cigi
smoking

12:00   **13:00**

megjön Edu is
Edu also pops up
még mindig
Monyó
it is still the Monyó
már elég részeg
pretty drunk

18:00   **19:00**

installáció-
építés,
csavarozás,
dumálás
installation
building,
screwing,
talking
beszélgetés,
zaj, stein.com
nincs net
talking, noise,
stein.com,
there is no net

13:00   **14:00**

sör
beer
vodka
vodka
3 jó barát
beszélget
3 mates talking
sör
beer
vodka
vodka

19:00   **20:00**

számítógép előtt:
email, fordítás
in front of the
computer:
email, translation
telefon
a gyárfónak
phone call to the
manufacturer

14:00   **15:00**

mikrofon
a pohárban
microphone
in the glass
megyünk
a Molokóba
we are going
to Moloko
Moloko
Moloko

20:00   **21:00**

megbeszélés
meeting
egy kis lazítás:
Eddie Izard
a little relaxation:
Eddie Izard
fordítás
folytatása
translation
continued
dolgoz, dolgoz
work, work

15:00   **16:00**

narancslé
orange juice
lapos a parti
this party is boring
menjünk
a Pointerbe
let's go
to the Pointer
Pointer
Pointer
kóla
coke

21:00   **22:00**

egyre zajosabb
more noisy
egy kis nasi
snacks
email, fordít
email, translation
dolgoz, dolgoz
work, work
kaja
food

16:00   **17:00**

hú, de furákat
kérdez
wow! he is
asking some
strange
questions
Sziasztok!
Bye-bye!
séta a busz-
megállóba
walk to the
bus stop

22:00   **23:00**

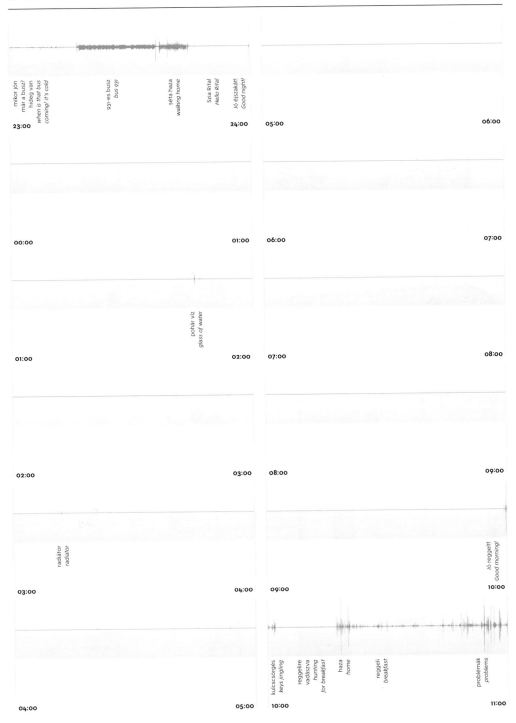

mikor jön
már a busz?
hideg van
when is that bus
coming? it's cold

931-es busz
bus 931

séta haza
walking home

Szia Rita!
Hello Rita!

Jó éjszakát!
Good night!

23:00   24:00

05:00   06:00

00:00   01:00

06:00   07:00

pohár víz
glass of water

01:00   02:00

07:00   08:00

02:00   03:00

08:00   09:00

radiátor
radiator

03:00   04:00

09:00   10:00

Jó reggelt!
Good morning!

kulcscsörgés
keys jingling

reggelire
vadászva
hunting
for breakfast

haza
home

reggeli
breakfast

problémák
problems

04:00   05:00

10:00   11:00

1. Nagypapám hétvégi háza Kőszegen – Nem éltem itt, de sok hétvégét töltöttem el, és amikor csak tehetem, most is meglátogatom. | *Grandpa's weekend house (Kőszeg) – I never lived there but spent many weekends and still visit as much as possible.*
2. Nagymamám nyaralója Balatonalmádiban – Gyerekkori nyarak. *Grandma's holiday house (Balatonalmádi) – Childhood summers.*
3. Anya lakása Szombathelyen, ide születtem. 1982–2001 *Mum's flat in Szombathely, I was born here. 1982–2001*
4. Apa műteremlakása Szombathelyen. Gimnázium 10.-ben itt laktam. 1998–1999 *Dad's atelier flat in Szombathely. I lived with my dad when I was in grade 10 at high school. 1998–1999*
5. 1999-ben két hétig Veszprémben laktam. | *I moved to Veszprém for 2 weeks in 1999.*
6. Az első év a kollégiumban. 2001–2002 | *1st year of college dorm. 2001–2002*
7. Harmadik évem a kollégiumban. 2003–2004 | *3rd year of college dorm. 2003–2004*
8. Jelenlegi otthonom a fővárosban – 5 éve költöztünk ide. *My home now (Budapest) – I moved to our flat in 2006.*

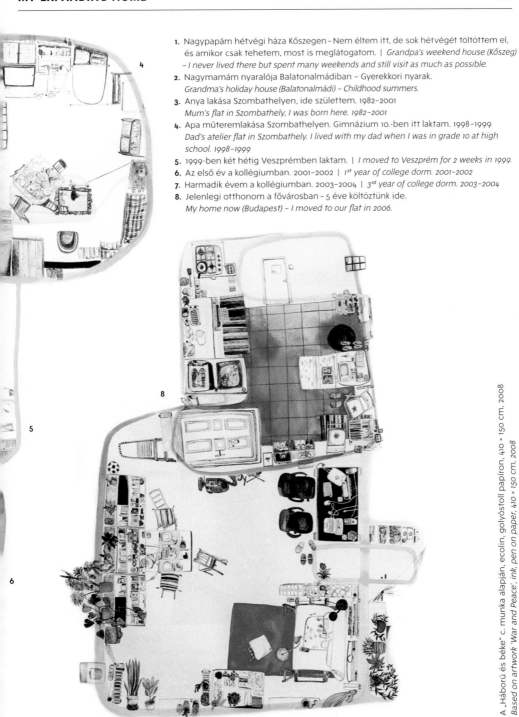

A „Háború és béke" c. munka alapján, ecolin, golyóstoll papiron, 410 × 150 cm, 2008
Based on artwork 'War and Peace', ink, pen on paper, 410 × 150 cm, 2008

Farkas Kata
MI A LEGJOBB ÉS A LEGROSSZABB DOLOG AZ ÉLETEDBEN ITTHON?

112

Vera (28)
„El fogok *"I will move*
költözni külföldre." *to another country."*
„Feloszlott a kedvenc *My favourite band "Csókolom"*
zenekarom, a Csókolom." *has broken up."*

Emese (26)
„Van saját lakásom." *"I own a flat."*
„Biológusként nem tudok *In Hungary I can't find*
itthon munkát találni." *a job as a biologist."*

Feri (28)
„Találtam egy *"I found a cat*
macskát az utcán." *on the street."*
„Sosem fogom befejezni *"I will never finish*
a szakdolgozatomat, mert *my thesis because*
folyton dolgoznom kell." *I always have to work."*

Évi (28)
„Végre volt erőm *"I finally had the courage to*
szakítani a pasimmal." *break up with my boyfriend."*
„Nincsenek jó leszbikus- *There are no (good)*
bárok Budapesten." *lesbian bars in Budapest."*

WHAT ARE THE BEST AND WORST THINGS ABOUT YOUR LIFE IN HUNGARY?

113

Gabó (30)

„Szeretem a vegetá-   *I like vegetarian*
riánus paprikás krumplit."   *potato paprika."*
„Elegem van a túlórákból."   *"I'm fed up with having*
to work overtime!"

Szalóme (27)

„Összeköltöztem   *I have just moved in*
a barátommal."   *with my boyfriend."*
„Attól félek,   *I am worried that*
hogy a buszon   *I may have to pee*
rámjön a pisilhetnék."   *while in the bus."*

Tomi (26)

„A szociális életem   *My social life*
boldoggá tesz."   *makes me happy."*
„Hároméves korom óta   *I always wanted*
pilóta szeretnék lenni, de   *to be a pilot but I have*
nincs pénzem az órákra."   *no money for lessons."*

Petra (31)

„Szeretem a zongorát, az   *I like piano, ruinpubs,*
ölelést, a romkocsmákat,   *my first room, yoga*
az első albérletet és a jógát."   *and hugs."*
„Nem szeretem a szürkeséget,   *I don't like grayness,*
a szorongást, a közlekedést   *distress, traffic*
és a hisztérikus embereket."   *and hysterical people."*

Az utcán sétálva ezernyi láthatatlan őrszem követi minden lépésünket.
At every moment there are thousands of silent sentinels watching over our steps in the streets.

Ha képesek lennének elmesélni mindazt, amit látnak, mit mondanának rólunk?
If they could talk about all they see, what would they say about us?

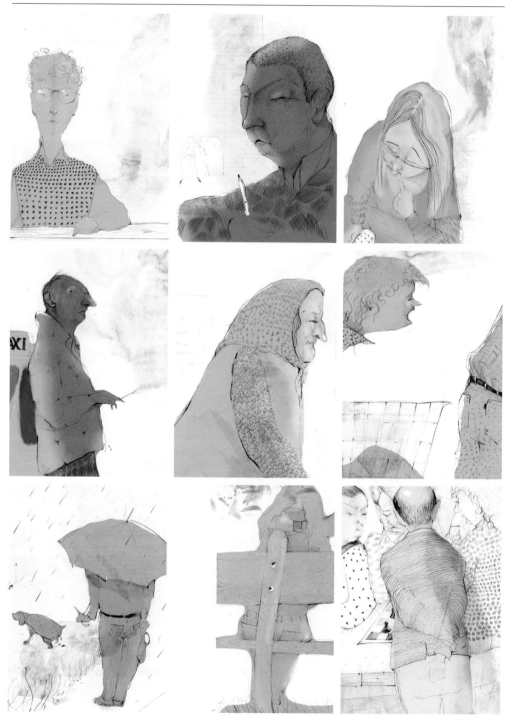

Ha rendszeresen használod a metrót, könnyű ugyanazokkal az emberekkel találkozni mindennap. Hajléktalanok, virágárus nénik, diákmunkások, részmunkaidős munkavállalók, akiket szinte mindig ugyanott találsz. Mint bárki másnak, számomra is ismerőssé váltak ezek az emberek, de a nagy rohanásban mintha senki nem venne róluk tudomást. Egyszerűen könnyebb nem észrevenni, ha valaki mellettünk fekszik az utcán. Ha velük találkozom, mindig megpróbálom legalább a szemkontaktust felvenni, hogy egy kicsit könnyebbé tudjam tenni számukra a mindennapos túlélést. Ezek az emberek nem elégedettek a helyzetükkel, még sincs sok választásuk. Sok hajléktalan ember él Magyarországon, és a számuk csak növekszik. Noha ezzel van tele a média, úgy érzem, mintha nem értenénk, mennyire vékony sáv választja el a magyar átlagot attól a valóságtól, amit az utcán próbálunk figyelmen kívül hagyni nap mint nap.

If you use the subway regularly, you can easily meet the same people every day. They are the homeless, old women selling flowers, student workers or jobbers, whom you almost always find in the same spot. They, as to a lot of people, become familiar to me – but with all this rush, it seems as if nobody takes note of them. It is simply easier not to notice the man sleeping rough next to us. I always try to look into their eyes and smile.

It might make it easier for them to survive the moment. It's clear that they are not at all satisfied with their lot, but they just don't have a choice. There are too many homeless people in Hungary and their number keeps growing. Although the media is filled with this problem, people don't seem to realize how thin the line is that separates the average Hungarian from the reality that we try to ignore on the streets day after day.

TRAM 61
9:35
NOVEMBER 25.
2010

TRAM 47
10:07
NOVEMBER 10.
2010

TRAM 6
12:12
NOVEMBER 20.
2010

THERE IS nOTHING SPECIAL NA BUT STORIES.

LEGYEN SZÍVES

DRÁGÁM, ÉN NEM EMLÉKSZEM

ELNÉZÉST URAM

NEKEM IS FÁJ GYOMROM, BORZALMA, SAN, VALÓ- SZÍNÜ, hogy KAMPO-D VAGYOK. E. HA ELŐRE DŐLÖK AKKOR SOKKAL JOBB'B JOB'B PERSZ EGY ID AKK OR DŐLÖK OLDALRA EGS AK RÖV IDEIG

NEMSOKÁRA HAZAÉREK

VANNAK GYEREKek, az JÓ. 18 en TUDJA AZ ÉN FÉRJEM MEGHALT TIZEN- HÉT·ÉVE. isten NYU- GOSZTALJA SZEGÉNYKEM- ET. DE AZ UNO- KA·KAT ŐM ÁR NEM ÉRHETT Em E·g. PE DIG ARAN YOSAK.

HA JA ÉN CSAK EGÉSZ EGYS ZERÜEN BENYALTAM MA- GAMATÉRRE AZ ALLÁS- RA. LE·PE·S- RŐL LEPE·S- RE. AZT IS A MONDHATNÁM, HOGY EGYIK FE- NÉKJÖTTa MA·SIK UTÁN. DE AZ MÁR KICSIT DURVÁN HANG ZIK KEZD- POR- ES·A NÉL TEM TEMA. TASMA FŐNÖS FEJEZ- BE.

TRAM 61 My stomach hurts badly too. I'm probably done for. If I move forward then it's much better. But only for a bit. Then I move to the side. TRAM 47 There are children, that's good. You know, my husband died, seventeen years ago, God bless him, poor thing. But he could not live to see his grandchildren. Though they are sweet. TRAM 6 Well, I simply brownnosed myself into this job. Step by step. I could say I licked one ass after the other, but that sounds a bit gross. I started at the concierge and finished up with the boss. BUS 22 I have a new girl, there are some good pictures, in panties and that sort of stuff. It's on computer, I'll

BUS 22 15:45 NOVEMBER 11. 2010

TRAM 59 17:24 NOVEMBER 03. 2010

TRAM 6 15:10 NOVEMBER 20. 2010

MENJENENEK MA'R BELJLEBB...

NEM MONDJA!

ÉRTED,NEM TUDOK TEReGETNi!

a rra EBR EDEK,

HOGY EZA SZAG

NAHÁT

VANEGY UJCS AJo nam VAN- NA KILYEN Jo KISKEPEK, BUGYI S. MEG ILYENEK.SZAMÍ- TÓGEPEN VAN, MAJD ELKÜLDÖMEMAILBEN, .HA HAZAÉRTEM.JA HÁT FA'RADT VAGYOK, VETTEMEGYKABIT. ILYENKIS FESZÜLOS. NEM,NEM BUZIS.HAN- EM SZÜRKE. HA HAZAER- EK. KÜL- DÖK KEPET.

MENNYi iDÖSA KiSFIA? AMIKoR ÉN ENNYIEV- ESVOLTAM, KAPTAMTY KaracsoNy. RAVULLANY- vasutaT.JAJDE BOLDOGVOLTAM! UGYESZERETA VEL LENNI? — PIGI. a zEN GYEREKEim MA'R NO'T- TEK. FEL- N'GE TESSÉK LEÜLNI

MINDENÜTT oTT.VANALA- KóTELEPEN. HiVTAMISy ANNAThoGL NECSIN A'L JON SEMMIT.ME CSAKFELGU'RT LJAMAGA'T. KKo MEGNEMTUD SEM MITSE TENNI. ALL ATot TAR TANAK KEP ZEL JE EL, A'L LA TO T.

* ALAKó- TELEPEN. KÉPTELENSÉG. AKARTAM SZóLNI VAL- AKINEK. DE NEMTUDOM FÉLJEK-E INKA'BB.

---

send you an e-mail when I get home. Yeah, I am tired, I bought a new jacket, a stretchy one, no, it's not gayish, it's gray. When I get home, I send you photos. **TRAM 59** How old is your son? When I was his age, I got a locomotive for Christmas. Oh, how happy I was. You like being with him, don't you? My children have grown up already. **TRAM 6** I wake up and this smell is everywhere around the flats. I called Anna and told her not to do anything, "cause she just gets upset. And she cannot do anything. They keep animals, just imagine, animals! In a block of flats. I wanted to call someone, but I don't know, shouldn't I be scared?

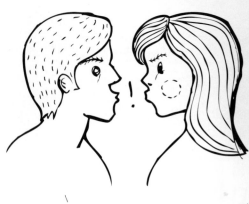

…különben még véletlenül szájon csókolod.
…otherwise you might accidentally kiss him on the lips.

Így üdvözöld	*This is how you should greet*
a magyar barátodat:	*your Hungarian friend:*
1. Puszi először jobbról	*1. Peck, first from the right*
2. aztán balról…	*2. then from the left…*

A legenda szerint	*Legend has it that*
1849. október 6-án	*Haynau, Commander-in-*
Haynau császári	*Chief of the Imperial Army*
fővezér és az osztrák	*and the Austrian officers*
tisztek sörrel koccintot-	*clinked their glasses of*
tak azt követően, hogy	*beer upon the execution*
Aradon kivégezték	*of the thirteen leaders of*
a szabadságharc tizen-	*the freedom fight in Arad.*
három vezetőjét.	*The Hungarians then*
A magyarok ekkor meg-	*pledged themselves*
fogadták: 150 évig nem	*not to clink glasses*
koccintanak sörrel.	*of beer for 150 years.*

Ne lepődj meg, ha egy magyar a „hogy vagy?"
kérdést komolyan veszi, és válaszol!
Don't be surprised if a Hungarian takes the question
"How are you?" seriously and answers it!

A Mikulás december 6-án jön. Karácsonykor
a Kisjézus hozza az ajándékokat és a fát.
Santa Claus comes on 6 December.
At Christmas, Little Jesus brings the presents
and the Christmas tree.

Az unalmas mozgólépcsőzés közben
nyugodtan bámuld a szembejövőket!
While bored on the escalator, you can safely gaze
at those coming from the opposite direction!

A nagyobb cuccaidat *Carry your larger*
(mappa, kardigán stb.) *belongings (folder, car-*
egy drága üzletben *digan etc.) in a branded*
kapott márkás papír- *paper bag that you got*
zacskóban hordd *in an expensive shop,*
magaddal, hogy mellet- *so that you can still use*
te használhasd az apró, *your tiny but trendy*
de divatos retikülödet. *vanity bag.*

Így koccints *This is how you should*
magyar barátoddal: *clink glasses with your*
1. Tartsd a szem- *Hungarian friend:*
kontaktust! *1. Maintain eye contact!*
Ha ezt nem teszed, *If you fail to do so,*
7 évig kerül a szex! *you won't have sex*
2. Mondd, hogy *for seven years!*
egészségedre! *2. Say "egészségedre"*
3. Ne löttyintsd ki *(To your health)!*
az italodat! *3. Don't spill your drink!*

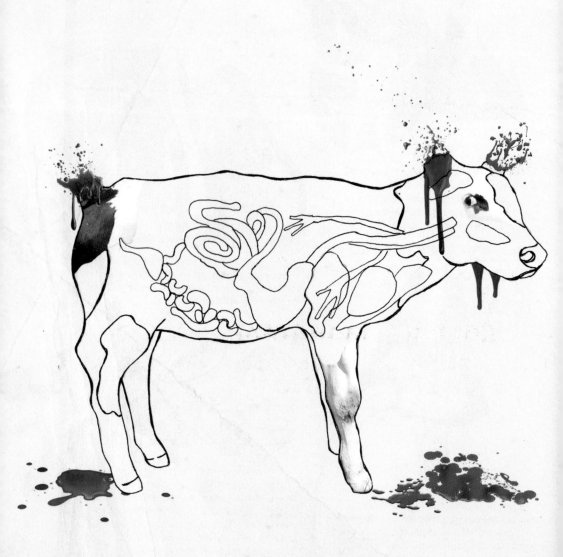

Boci, boci tarka, se füle, se farka,
Oda megyünk lakni, ahol tejet kapni.

Spotted, spotted little cow, without ears and tail.
We are going to live where there is some milk.

Süss fel nap, fényes nap, | *Come out, sun, shining sun!*
kertek alatt a ludaim megfagynak. | *My geese are freezing in the garden.*

Csigabiga, gyere ki,   *Snail-dale, come out,*
ég a házad ideki!   *your house is on fire!*
Kapsz tejet, vajat,   *You'll get some milk & butter,*
holnapra is marad.   *there will be some left for tomorrow, too.*

Gólya, gólya, gilice, mitől véres a lábad?   *Stork, stork, what has made your foot bleed?*
Török gyerek elvágta, magyar gyerek gyógyítja   *A Turkish lad has slashed it, a Magyar lad*
síppal, dobbal, nádi hegedűvel.   *is healing it with a fife, a drum and a fiddle of reed.*

Elvisz, ha nem alszol el időben, és össze-
forrasztja az elölhagyott koszos zoknijaidat.
It takes you away if you're not asleep in
time and solders your unstowed dirty socks.

1. ELTERJEDÉS/SPREAD
2. MEGJELENÉS/APPEARANCE
3. TÁPLÁLKOZÁS/NUTRITION
4. RÖPKÉP/FLIGHT
5. ÉLETMÓD/LIVING
6. EGYÉB TUL.-OK/OTHER SKILLS
7. TERMÉSZETES ELLENSÉG/
   NATURAL ENEMY

MOLLY

ZEUS

ROMI

SZOMBAT 'B FURA

LEGO ÉS ÉN | *LEGO & MYSELF*

amur | *Grass carp*   24 kg

tőponty | *Carp*   17,6 kg

amur | *Grass carp*   9,2 kg

amur | *Grass carp*   12 kg

csuka | *Northern pike*   6,5 kg

nyurga | *Common Carp*   11 kg

csuka | *Northern pike*   7,1 kg

amur | *Grass carp*   13 kg

amur | *Grass carp*   10,5 kg

amur | *Grass carp*   8,4 kg

amur | *Grass carp*   13 kg

kárász | *Carassius*   0,45 kg

balin | *Asp*

keszeg | *Common rud*

ponty | *Carp*

harcsa | *Catfish*

amur | *Grass carp*

kárász | *Carassius*

angolna | *European eel*

garda | *Ziege*

busa | *Bighead carp*

süllő | *Zander*

csuka | *Northern pike*

rántott brokkoli | *breaded broccoli* 1.
rántott csirkeszárny | *breaded chicken wing* 2.
rántott hagymakarikák | *breaded onion rings* 3.
rántott csirkecomb | *breaded chicken drumstick* 4.
rántott gomba | *breaded mushroom* 5.

6. rántott párizsi | *breaded luncheon meat*
7. rántott palacsinta | *breaded pancake*
8. rántott cukkini | *breaded zucchini*
9. rántott csirkemáj | *breaded chicken liver*
10. rántott camembert | *breaded camembert*

rántott tőkehalfilé | *breaded seafish fillet* **11.**
rántott karfiol | *breaded cauliflower* **12.**
rántott ponty | *breaded carp* **13.**
rántott padlizsán | *breaded eggplant* **14.**

15. rántott zeller | *breaded celery*
16. rántott sajt | *breaded cheese*
17. rántott hús | *breaded cutlet*
18. rántott halrudacskák | *breaded fish fingers*

spenót | *spinach* 1.
finomfőzelék | *mixed vegetable főzelék* 2.
lencsefőzelék | *lentil főzelék* 3.

4. krumplifőzelék | *potato főzelék*
5. szárazbabfőzelék | *bean főzelék*
6. sárgaborsó-főzelék | *split pea főzelék*

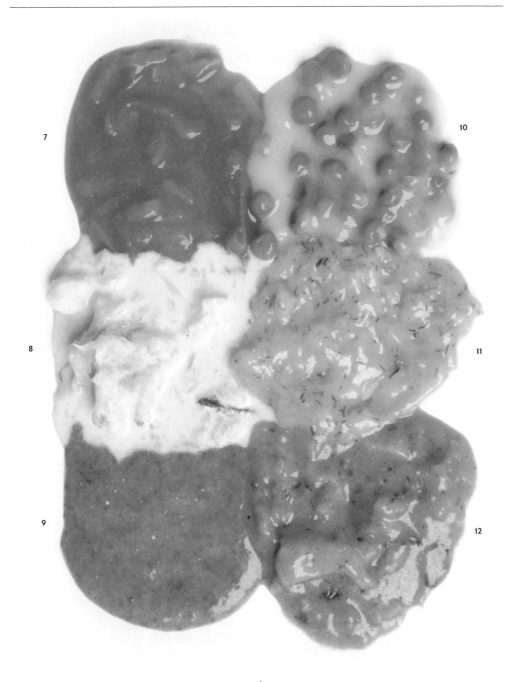

7

10

8

11

9

12

paradicsomos káposzta | *tomato and cabbage* **7.**   **10.** zöldborsófőzelék | *pea főzelék*
karfiolfőzelék | *cauliflower főzelék* **8.**   **11.** tökfőzelék | *squash főzelék*
sóska | *sorrel* **9.**   **12.** kelkáposzta-főzelék | *savoy cabbage főzelék*

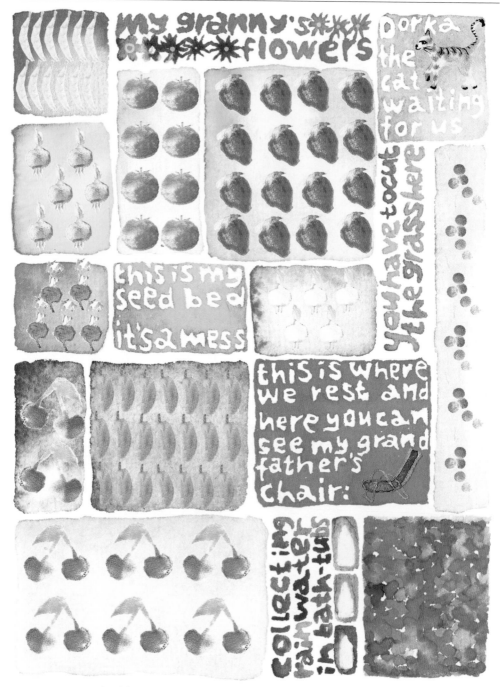

a nagymamám virágai – Dorka cica már vár minket – ez itt az én ágyásom, többnyire rendetlen –
itt le kell vágni a füvet –itt szoktunk pihenni, ez a nagypapám széke – fürdőkádakban gyűjtjük az esővizet

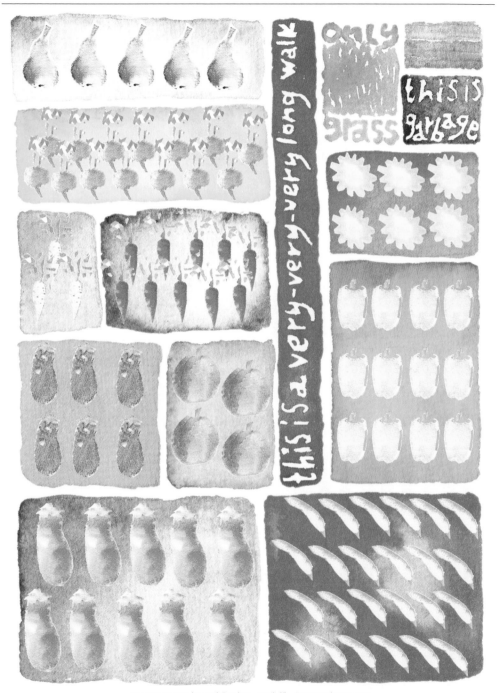

ez egy nagyon hosszú ösvény – csak fű – itt van a komposzt

kisfröccs | *small spritzer*　　　hosszúlépés | *longstep*　　　távolugrás | *longjump*

lakófröccs | *house spritzer*　　　nagyfröccs | *large spritzer*　　　viceházmester | *vice-caretaker*

házmester | *caretaker*　　　alpolgármester | *vice-mayor*

bivalycsók | *buffalo's kiss*　　　maflás | *haymaker*

polgármester | *mayor*　　　avasi fröccs | *Avas spritzer*

Krúdy fröccs | *Krúdy's spritzer*

csatos | *buckled spritzer*

lámpás | *lantern*

linzer	**1.**	*linzer*
cukorka	**2.**	*candy*
nyalóka	**3.**	*lollipop*
nógrádi sóspálcika	**4.**	*salty sticks*
szotyi	**5.**	*sunflower seeds*
Negro	**6.**	*Negro (cough candy)*
háztartási keksz	**7.**	*plain biscuit*

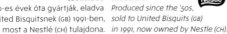

BALATON SZELET

csokoládé — *chocolate*

 Nestlé

Az '50-es évek óta gyártják, eladva — *Produced since the '50s,*
a United Bisquitsnek (GB) 1991-ben, — *sold to United Bisquits (GB)*
most a Nestlé (CH) tulajdona. — *in 1991, now owned by Nestlé (CH).*

SZERENCSI

Csokoládégyár — *Chocolate Factory*

Nestlé

Alapítva 1923-ban, eladva — *Founded in 1923, sold*
1991-ben a Nestlének (CH). — *to Nestlé (CH) in 1991.*

BOCI

csokoládé — *chocolate*

Nestlé

1920 óta gyártják, eladva — *Manufactured since 1920,*
1991-ben a Nestlének (CH). — *sold to Nestle (CH) in 1991.*

THEODORA QUELLE

ásványvíz — *mineral water*

Nestlé

Alapítva 1923-ban, eladva — *Founded in 1923, sold*
2000-ben a Nestlének (CH). — *to Nestlé (CH) in 2000.*

DREHER

sör — *beer*

SAB MILLER

Alapítva 1796-ban, eladva — *Founded in 1796, sold*
2002-ben a SABMillernek (ZA). — *to SABMiller (ZA) in 2002.*

ARANY ÁSZOK

sör — *beer*

SAB MILLER

Alapítva 1850-ben, eladva — *Founded in 1850, sold*
2002-ben a SABMillernek (ZA). — *to SABMiller (ZA) in 2002.*

GYŐRI

Kekszgyár — *Biscuit Factory* — **KRAFT**

Alapítva 1880-ban, eladva először — *Founded in 1880, sold first*
a United Biscuitsnek (GB), azután — *to United Biscuits (GB) in 1991,*
a Kraft Foodsnak (USA). — *then to Kraft Foods (USA).*

ALBERT KEKSZ — **KRAFT**

keksz — *biscuit*

1912 óta gyártják, eladva — *Manufactured since 1912, sold*
a Kraft Foodsnak (USA) 1993-ban. — *to Kraft Foods (USA) in 1993.*

SPORT SZELET — **KRAFT**

csokoládé — *chocolate*

1953 óta gyártják, eladva — *Manufactured since 1953, sold*
1993-ban a Kraft Foodsnak (USA). — *to Kraft Foods (USA) in 1993.*

HÁZTARTÁSI KEKSZ — **KRAFT**

keksz — *biscuit*

1880 óta gyártják, eladva — *Manufactured since 1880, sold*
2006-ban a Kraft Foodsnak (USA). — *to Kraft Foods (USA) in 2006.*

NEGRO — **KRAFT**

cukorka — *candy*

1920 óta gyártják, eladva — *Manufactured since 1920, sold*
2006-ban a Kraft Foodsnak (USA). — *to Kraft Foods (USA) in 2006.*

PILÓTA KEKSZ — **KRAFT**

keksz — *biscuit*

1960 óta gyártják, eladva a United — *Manufactured since 1960, sold to*
Biscuitsnek (GB) 1991-ben, — *United Biscuits (GB) in 1991, after*
majd a Kraft Foodsnak (USA). — *to Kraft Foods (USA) in 2006.*

CAOLA

kozmetikum   *cosmetics*
Alapítva 1918-ban, eladva   *Founded in 1918, sold to*
2008-ban a Bochemie A.S.-nek (cz).   *Bochemie A.S. (cz) in 2008.*

SOPIANAE

cigaretta   *cigarette*
1973 óta gyártják,   *Manufactured since 1973,*
eladva a British-American   *sold to British-American*
Tobaccónak 1992-ben.   *Tobacco in 1992.*

NÉPSZABADSÁG

napilap   *newspaper*   O·ORingier
Alapítva 1956-ban, főtulajdonosa   *Founded in 1956, became main*
lett a Bertelsmann Csoport (D)   *owner the Bertelsmann AG (D)*
1990-ben, majd eladva 67,62%-a   *in 1990, then sold 67,62%*
a Ringier Csoportnak (CH) 2002-ben.   *to Ringier AG (CH) in 2002.*

ORION
🎇 Thakral Group

elektronikai cég   *electronics company*
Alapítva 1913-ban, eladva   *Founded in 1913, sold out*
1997-ben a Thakral Csoportnak (SGP).   *to Thakral Group (SGP) in 1997.*

TUNGSRAM
világítás   *lighting*
Alapítva 1901-ben, eladva   *Founded in 1901, sold first*
1989-ben a Girozentralénak (A), majd   *to Girozentrale (A) in 1989 and*
a General Electricnek (USA) 1994-ben.   *then to General Electric (USA) 1994.*

Bochemie.

RWE

FŐVÁROSI GÁZMŰVEK ZRT.   *BUDAPEST GAS WORKS*
Alapítva 1857-ben, 49,83%-a   *Founded in 1857, 49,83% sold*
eladva 2006-ban az RWE-nek (D).   *to RWE power company (D) in 2006.*

RWE

FŐVÁROSI VÍZMŰVEK ZRT.   *BUDAPEST WATER WORKS*
Alapítva 1890-ben, 25%-a eladva   *Founded in 1890, 25% sold*
1997-ben a Sue Enviroment-nek (FR)   *to Sue Enviroment (FR) & RWE*
és az RWE-nek (D) 1997-ben.   *(Rhenish-Westphalian Electric)*
   power company (D) in 1997.

GANZ ELEKTROMOS MŰVEK   *GANZ ELECTRICITY WORKS*
Alapítva 1878-ban, eladva   *Founded in 1878, sold first*
1991-ben az Ansoldo Társa-   *to Ansaldo company (I)*
ságnak (I), majd a Cromton   *in 1991, then to Cromton*
Greavesnek (IN) 2006-ban.   *Greaves (IN) in 2006.*

ABB

LÁNG GÉPGYÁR   *LÁNG MACHINE PLANT*
Alapítva 1868-ban, eladva   *Founded in 1868 sold*
2000-ben az ABB Groupnak (S, CH).   *to ABB Group (S, CH) in 2000.*

··

*

Multinacionális vállalatoknak   *Hungarian goods, service provic-*
eladott magyar termékek,   *ers and manufactures sold to*
szolgáltatók és gyárak   *multinational corporations*

Adatok forrása | Data sources: hvg.hu/magyarmarkak/200503gyorikeksz · gyorikeksz.hu ·
index.hu/gazdasag/magyar/retrosnack · dreherrt.hu · ge.com · ganztrans.hu ·
· kisalfold.hu/gyori_hirek/lubickol_a_balaton-._.csoki_tortenet/2059787/ · nestle.hu ·
· hu.wikipedia.org/wiki/Negro · hu.wikipedia.org/wiki/Dreher_család · theodora-info.hu ·
· evmrt.hu · dohanymuzeum.hu/20100715-sopianae-cigaretta-tortenete · vizmuvek.hu ·
· hu.wikipedia.org/wiki/Orion_vállalat · hu.wikipedia.org/wiki/Népszabadság ·
· fogaz.hu · nestle.hu/boci · hu.wikipedia.org/wiki/Láng_Gépgyár ·

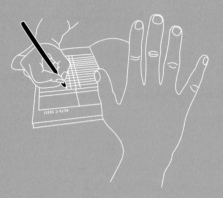

1.

Nem kérek számlát!
No thanks, I don't need an invoice!

2.

A feleségemmel szeretnénk, ha
a szülés ideje alatt a legmegfe-
lelőbb ellátásban részesülne…
*My wife and I would like her
to have the best treatment during the
delivery…*

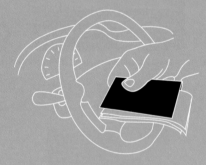

3.

Nem tudnánk máshogy megoldani
ezt a problémát, biztos úr?
*Isn't there another way to solve this
problem, officer?*

4.

Lett rajta még egy emelet,
ugye nem gond?
*Well, it turned out
to have an extra floor,
it doesn't matter, does it?*

Forrás | *Source:* **www.kmonitor.hu**

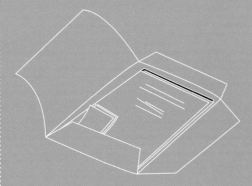

5.
A pályázat mellékleteként hadd adjam
át még ezt a „dokumentumot".
As an attachment to the tender,
let me give you this "document".

6.
Az ügyész úrral már
mindent megbeszéltünk…
We have already discussed
everything with the prosecutor…

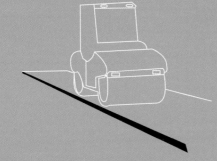

7.
Egy réteg aszfalt elég lesz.
One layer of asphalt will do.

8.
Beszéljük meg a részleteket
a thaiföldi szállodámban!
Let's go over the details
in my hotel in Thailand!

9.
Hogyan hálálhatnám meg, képviselő úr?
How can I show my gratitude, Mr. MP?

1990 választások	elections	1993 BOROSS-KORMÁNY BOROSS GOV'T	1994 választások	elections	1998 választások	elections
ANTALL-KORMÁNY *ANTALL GOVERNMENT*	**HORN-KORMÁNY** *HORN GOVERNMENT*	**ORBÁN-KORMÁNY** *ORBÁN GOVERNMENT*
Miniszterelnök	Prime Minister	Miniszterelnök	Prime Minister	Miniszterelnök	Prime Minister
Belügyminiszter	Minister of the Interior	Belügyminiszter	Minister of the Interior	A Miniszterelnöki Hivatalt vezető miniszter *Minister in charge of the Prime Minister's Office*
Külügyminiszter	Minister of Foreign Affairs	Külügyminiszter	Minister of Foreign Affairs	Belügyminiszter	Minister of the Interior
Pénzügyminiszter	Finance Minister	Pénzügyminiszter	Finance Minister	Külügyminiszter	Minister of Foreign Affairs
Ipari és kereskedelmi miniszter *Minister of Industry and Trade*	Ipari és kereskedelmi miniszter *Minister of Industry and Trade*	Pénzügyminiszter	Finance Minister
Földművelésügyi miniszter	Minister of Agriculture	Földművelésügyi miniszter	Minister of Agriculture	Gazdasági miniszter	Minister of the Economy
Igazságügy-miniszter	Minister of Justice	Igazságügy-miniszter	Minister of Justice	Földművelésügyi és vidékfejlesztési miniszter *Minister of Agriculture and Rural Development*
Népjóléti miniszter	Minister of Welfare	Népjóléti miniszter	Minister of Welfare	Igazságügy-miniszter	Minister of Justice
Művelődési és közoktatási miniszter *Minister of Culture and Public Education*	Művelődési és közoktatási miniszter *Minister of Culture and Public Education*	Egészségügyi miniszter	Minister of Health
Munkaügyi miniszter	Minister of Labour	Munkaügyi miniszter	Minister of Labour	Nemzeti Kulturális Örökség minisztere *Minister of National Cultural Heritage*
Honvédelmi miniszter	Minister of Defence	Honvédelmi miniszter	Minister of Defence	Oktatási miniszter	Minister of Education
Környezetvédelmi és vízügyi miniszter *Minister of the Environment and Water Management*	Környezetvédelmi és vízügyi miniszter *Minister of the Environment and Water Management*	Szociális és családügyi miniszter *Minister of Social and Family Affairs*
Közlekedési, hírközlési és vízügyi miniszter *Minister of Transport, Telecommunication and Water Management*	Közlekedési, hírközlési és vízügyi miniszter *Minister of Transport, Telecommunication and Water Management*	Honvédelmi miniszter	Minister of Defence
Nemzetközi gazdasági kapcsolatok minisztere *Minister for International Economic Affairs*	A titkosszolgálatokért felelős tárca nélküli miniszter *Minister without portfolio, responsible for the secret services*	Környezetvédelmi miniszter	Minister of the Environment
A titkosszolgálatokért felelős tárca nélküli miniszter *Minister without portfolio, responsible for the secret services*	Kárpótlásért felelős tárca nélküli miniszter *Minister without portfolio, responsible for restitution*	Közlekedési, hírközlési és vízügyi miniszter *Minister of Transport, Telecommunication and Water Management*
Kárpótlásért felelős tárca nélküli miniszter *Minister without portfolio, responsible for restitution*	Privatizációért felelős tárca nélküli miniszter *Minister without portfolio, responsible for privatisation*	Ifjúsági és sportminiszter	Minister for Youth and Sports
Privatizációért felelős tárca nélküli miniszter *Minister without portfolio, responsible for privatisation*		A titkosszolgálatokért felelős tárca nélküli miniszter *Minister without portfolio, responsible for the secret services*
Az Országos Műszaki Fejlesztési Bizottságot vezető tárca nélküli miniszter *Minister without portfolio, in charge of the National Board for Technology Development*		PHARE-program koordinációjáért felelős tárca nélküli miniszter *Minister without portfolio, responsible for the Phare Programme*
Bankügyekért felelős tárca nélküli miniszter *Minister without portfolio, responsible for bank affairs*		
Az MTA és a tudománypolitika felügyeletéért felelős tárca nélküli miniszter *Minister without portfolio, responsible for the Hungarian Academy of Sciences and science policy*		
A politikai foglyok szervezeteivel foglalkozó tárca nélküli miniszter *Minister without portfolio, responsible for the organisations of political prisoners*		
Határon túli magyar ügyekben felelős tárca nélküli miniszter *Minister without portfolio, responsible for the affairs of transborder Hungarians*		
Az Országgyűléssel való kapcsolattartás és sportfelelős tárca nélküli miniszter *Minister without portfolio, responsible for liaison with Parliament and sports*		

évek száma | number of years 20

kormányok száma | number of governments 9

miniszterek száma | number of ministers

miniszter asszony | female ministers 10 [7%]

miniszter úr | male ministers

2002 választások | *elections*	2004	2006 választások | *elections*	2009	2010 választások | *elections*
MEDGYESSY-KORMÁNY *MEDGYESSY GOVERNMENT*	**GYURCSÁNY-KORMÁNY** *GYURCSÁNY GOVERNMENT*	**GYURCSÁNY-KORMÁNY** *GYURCSÁNY GOVERNMENT*	**BAJNAI-KORMÁNY** *BAJNAI GOV'T*	**ORBÁN-KORMÁNY** *ORBÁN GOVERNMENT*

2002 / 2004 (MEDGYESSY / GYURCSÁNY GOVERNMENT)

Miniszterelnök | *Prime Minister*

A Miniszterelnöki Hivatalt vezető miniszter
Minister in charge of the Prime Minister's Office

Belügyminiszter | *Minister of the Interior*

Külügyminiszter | *Minister of Foreign Affairs*

Pénzügyminiszter | *Finance Minister*

Gazdasági és közlekedési miniszter
Minister of the Economy and Transport

Földművelésügyi miniszter | *Minister of Agriculture*

Igazságügy-miniszter | *Minister of Justice*

Egészségügyi, szociális és családügyi miniszter
Minister of Health and Social and Family Affairs

Nemzeti Kulturális Örökség minisztere
Minister of National Cultural Heritage

Oktatási miniszter | *Minister of Education*

Foglalkoztatáspolitikai és munkaügyi miniszter
Minister of Employment Policy and Labour

Honvédelmi miniszter | *Minister of Defence*

Környezetvédelmi miniszter | *Minister of Environment*

Gyermek-, ifjúsági és sportminiszter
Minister for Children, Youth and Sports

Informatikai és hírközlési miniszter
Minister of Informatics and Communication

Európai integrációs ügyekért felelős
tárca nélküli miniszter
*Minister without portfolio, responsible
for European integration affairs*

Esélyegyenlőségért felelős tárca nélküli miniszter
*Minister without portolio, responsible
for Equal Opportunities*

Ifjúsági, családügyi, szociális
és esélyegyenlőségi miniszter
*Minister for Youth, Family and Social Affairs
and Equal Opportunities*

Regionális fejlesztésért és felzárkóztatásért felelős
tárca nélküli miniszter
*Minister without portfolio, responsible for regional
development and remediation*

2006 / 2009 (GYURCSÁNY / BAJNAI GOVERNMENT)

Miniszterelnök | *Prime Minister*

A Miniszterelnöki Hivatalt vezető miniszter
Minister in charge of the Prime Minister's Office

Külügyminiszter | *Minister of Foreign Affairs*

Pénzügyminiszter | *Finance Minister*

Önkormányzati miniszter | *Minister of Local Governments*

Önkormányzati és területfejlesztési miniszter
Minister of Local Governments and Regional Development

Gazdasági és közlekedési miniszter
Minister of the Economy and Transport

Közlekedési, hírközlési és energiaügyi miniszter
Minister of Transport, Telecommunication and Energy

Nemzeti fejlesztési és gazdasági miniszter
Minister of National Development and Economy

Földművelésügyi és vidékfejlesztési miniszter
Minister of Agriculture and Rural Development

Igazságügyi és rendészeti miniszter
Minister of Justice and Policing

Szociális és munkaügyi miniszter
Minister of Social Affairs and Labour

Honvédelmi miniszter | *Minister of Defence*

Egészségügyi miniszter | *Minister of Health*

Oktatási és kulturális miniszter
Minister of Education and Culture

Környezetvédelmi és vízügyi miniszter
Minister of Environment and Water Management

Polgári nemzetbiztonsági szolgálatokat felügyelő
tárca nélküli miniszter
*Minister without portfolio, overseeing
the civilian national security services*

Kutatás-fejlesztésért felelős tárca nélküli miniszter
*Minister without portfolio, responsible
for reserach and development*

Kormányzati koordinációért felelős tárca nélküli miniszter
*Minister without portfolio, responsible for governmental
coordination*

2010 (ORBÁN GOVERNMENT)

Miniszterelnök | *Prime Minister*

Miniszterelnök-helyettes, tárca nélküli miniszter
Deputy Prime Minister, Minister without portfolio

Miniszterelnök-helyettes, közigazgatási
és igazságügyi miniszter
*Deputy Prime Minister, Minister of Public
Administration and Justice*

Belügyminiszter | *Minister of the Interior*

Külügyminiszter | *Minister of Foreign Affairs*

Nemzetgazdasági miniszter
Minister of the National Economy

Nemzeti erőforrás miniszter
Minister of National Resources

Nemzeti fejlesztési miniszter
Minister of National Development

Vidékfejlesztési miniszter | *Minister of Rural Development*

Honvédelmi miniszter | *Minister of Defence*

144 [100%]

134 [93%]

Gratulálunk, a Joker-mezőre léptél,
[v]álaszthatsz a következő fegyverek közül: baseballütő,
[Mol]otov-koktél, benzineskanna, rendőrtől elvett gumibot.

A rendőrök kergetnek,
lépj előre nyolc mezőt!

Rendőr vagy, eltörik a lábad,
háromszor kimaradsz!

**Lonsdale kapucnis felsőben
szavald el a Talpra magyart!**
Ahány versszakot tudsz, annyi mezőt léphetsz előre.

[R]ongáltál egy emlékművet, lépj le egy MÉH-telepre,
[a]dd le a színesfémeket, egyszer kimaradsz a dobásból!

A médiamezőre léptél,
nyilatkozhatsz a tv-nek. Előtte vágd
kupán magad kétszer, hogy vérezzen az orrod!

Bejutottál az MTV-székházba,
a büfé mezőn állsz, egyél-igyál, amennyi jólesik.
Vigyázz, így kimaradsz a gyújtogatásból!

**Rendőr vagy, és beszorítottak
a vízágyús kocsiba.**
Amíg utol nem ér valaki, addig ott maradsz.

Elindítottál egy muzeális tankot,
[h]a kifogyott az üzemanyag, kezdhetsz mindent elölről!

CÉL

Szavazhatsz a 2010-es választásokon!

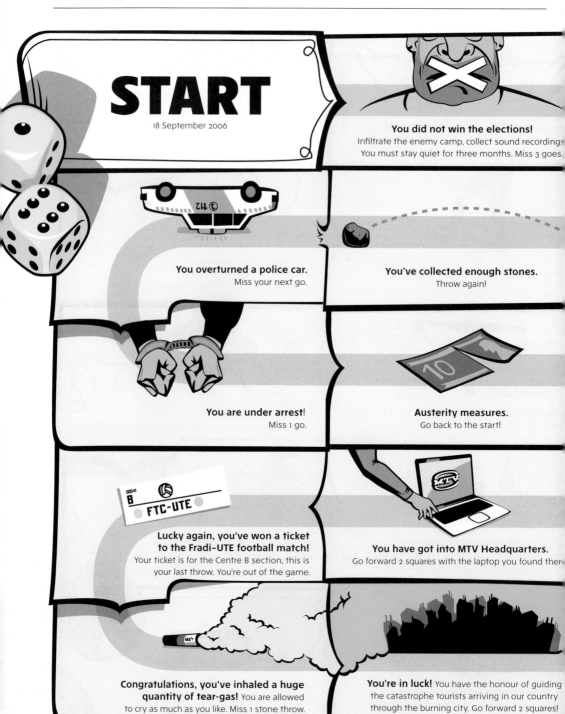

ongratulations, you've landed on the joker.
choose one of the following weapons: baseball bat; Molotov
can of petrol; or a rubber truncheon taken from a policeman.

The police are after you!
Move forward 8 squares.

You are a policeman, your leg is broken.
Miss 3 goes.

Wearing a hooded Lonsdale sweatshirt, recite "Wake up, Magyar!"
Move forward the number
of lines you know by heart.

You damaged a historical monument.
Go to a waste collection plant and
hand in the metal. Miss 1 go.

You've landed in the media.
You can make a statement on television. Beforehand,
hit yourself over the head twice so that your nose bleeds.

e got into MTV Headquarters, you are standing
e **Buffet field.** Eat and drink to your heart's content,
ut take care, you'll be left out of the arson attack.

You are a policeman and you're cornered in the truck with the water cannon. You must
stay there until somebody catches up with you!

You set a museum-piece tank going.
But you run out of fuel, so go back to START!

GOAL

You may vote at the 2010 elections!

Az MTV-székház, amelyet megostromolt a tüntetők egy csoportja
Headquarters of the National TV which was attacked by a group of demonstrators

Kordonokat szállító teherautó
Fence carrying truck

A vízágyú, amely a tömegoszlatás során csődöt mondott
Water cannon which failed to disperse the crowd

A vízágyú, amelyet a tüntetések után vásárolt a rendőrség
Water cannon, purchased by the police after the riots

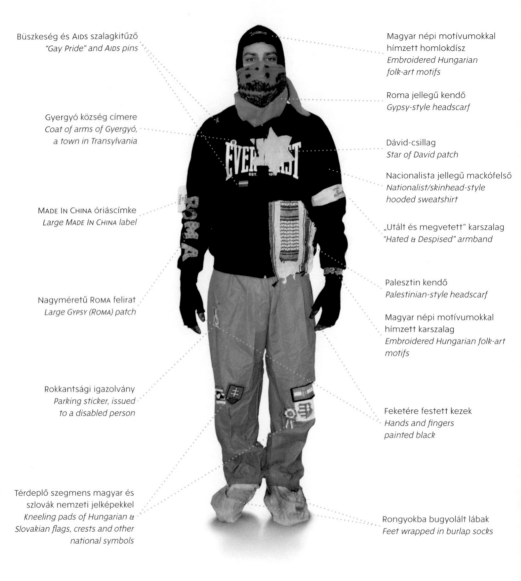

Büszkeség és AIDS szalagkitűző
"Gay Pride" and AIDS pins

Gyergyó község címere
*Coat of arms of Gyergyó,
a town in Transylvania*

MADE IN CHINA óriáscímke
Large MADE IN CHINA label

Nagyméretű ROMA felirat
Large GYPSY (ROMA) patch

Rokkantsági igazolvány
*Parking sticker, issued
to a disabled person*

Térdeplő szegmens magyar és
szlovák nemzeti jelképekkel
*Kneeling pads of Hungarian &
Slovakian flags, crests and other
national symbols*

Magyar népi motívumokkal
hímzett homlokdísz
*Embroidered Hungarian
folk-art motifs*

Roma jellegű kendő
Gypsy-style headscarf

Dávid-csillag
Star of David patch

Nacionalista jellegű mackófelső
*Nationalist/skinhead-style
hooded sweatshirt*

„Utált és megvetett" karszalag
"Hated & Despised" armband

Palesztin kendő
Palestinian-style headscarf

Magyar népi motívumokkal
hímzett karszalag
*Embroidered Hungarian folk-art
motifs*

Feketére festett kezek
*Hands and fingers
painted black*

Rongyokba bugyolált lábak
Feet wrapped in burlap socks

A viselet megszületésének alapmotívuma: kompenzálni azokat a népcsoportokat kirekesztettségükben, amelyeket etnikai vagy erkölcsi hovatartozásuk miatt megvetnek hazánkban (pl. romák, zsidók, feketék, arabok, kínaiak, homoszexuálisok, fogyatékosok, hajléktalanok stb.). A kompenzáció e népcsoportok jelképeinek büszkén magamra öltésével, illetve viselésével történik. A hátamra az abszolút elfogadás jelképeként egy „Lord Jesus" felvarrót öltök. Ebben az öltözékben alapvetően kétféle akciót végeztem: kiállításmegnyitók alkalmával házi sütésű kenyeret osztottam, illetve a Parlament épülete előtt rátérdeltem a nemzeti jelképekre.

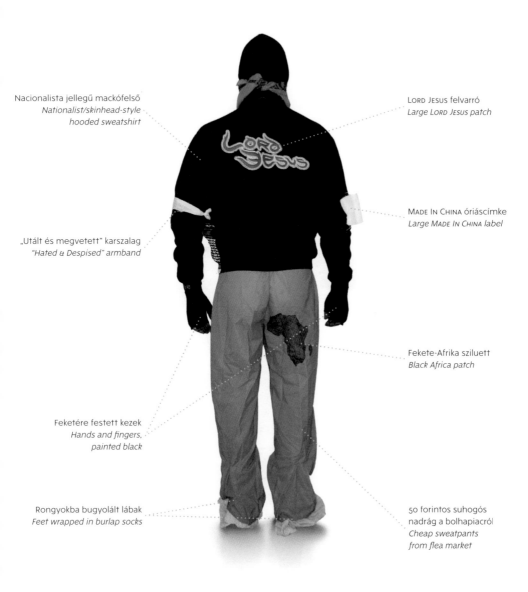

Nacionalista jellegű mackófelső
*Nationalist/skinhead-style
hooded sweatshirt*

LORD JESUS felvarró
Large LORD JESUS patch

„Utált és megvetett" karszalag
"Hated & Despised" armband

MADE IN CHINA óriáscímke
Large MADE IN CHINA label

Feketére festett kezek
*Hands and fingers,
painted black*

Fekete-Afrika sziluett
Black Africa patch

Rongyokba bugyolált lábak
Feet wrapped in burlap socks

50 forintos suhogós
nadrág a bolhapiacról
*Cheap sweatpants
from flea market*

The basic motif behind this attire was to compensate the exclusion of groups who are held in contempt in our country for reasons of race or orientation (such as the Roma, the Jews, blacks, Arabs, gay people, the disabled, the homeless etc.). Compensation is effected by proudly putting on and wearing the symbols of these groups. As a symbol of absolute acceptance I sewed a "Lord Jesus" patch on my back. Basically, I carried out two types of action wearing this attire: I distributed home-baked bread at vernissages, and I knelt on our national symbols in front of the Parliament.

KOSSUTH LAJOS

Államférfi; a Batthyány-kormány pénzügyminisztere, a honvédelmi bizottmány és Magyarország kormányzó-elnöke. A nemzeti függetlenségért, a feudális kiváltságok felszámolásáért, és a polgári szabadságjogok biztosításáért vívott 19. századi küzdelem egyik legnagyobb alakja, a magyar szabadságharc szellemi vezére.

Statesman; Minister of Finance in the Batthyány government, Governing President of the Defence Council and of Hungary. One of the greatest figures of the 19th century struggle for national independence, the eradication of feudal privileges and civil freedoms, the intellectual leader of the Hungarian freedom fight.

ZRÍNYI MIKLÓS

Horvát bán, Zala és Somogy vármegyék főispánja, nagybirtokos főnemes, költő, hadvezér és politikus. Az oszmán birodalom elleni harcot összefogással, nemzeti párt szervezésével kívánta elérni. 1663–64-ben nagy hadi sikereket aratott, azonban a bécsi udvar veszni hagyta sikereit, és békét kötött a szultánnal.

Viceroy of Croatia, Lord Lieutenant of the counties of Zala and Somogy, aristocrat owning vast estates, poet, warlord and politician. He wished to defeat the Ottoman Empire by joining forces and organising a national party. He achieved substantial military successes in 1663–1664, but in spite of these successes the Viennese Court made peace with the Sultan.

DUGOVICS TITUSZ

Hunyadi János harcosa. Részt vett a várnai csatában. A török zászlótartó katonát magával rántva 1456-ban a nándorfehérvári csatában halt hősi halált.

A warrior of János Hunyadi. He took part in the Battle of Varna. He died a heroic death in the Battle of Nándorfehérvár, dragging down the Turkish flag bearer with him as he fell, in 1456.

AZ '56-OS SZABADSÁGHARCOS

Az '56-os forradalom Magyarország népének a sztálinista diktatúra és a szovjet megszállás ellen folytatott forradalma és szabadságharca, amely a 20. századi magyar történelem egyik legmeghatározóbb eseménye volt.

FREEDOM FIGHTER OF '56 The revolution of 1956 was a revolution and freedom fight of the people of Hungary against Stalinist dictatorship and Soviet occupation. It was one of the most decisive events of 20th century Hungarian history.

RÁKÓCZI FERENC

Magyarország vezérlő erdélyi fejedelme. Neve szorosan összefügg az általa 1703-ban indított Rákóczi-szabadságharccal, melynek révén Magyarország teljes függetlenségét kívánta visszaszerezni, hogy a Habsburg Birodalomtól független állammá váljék.

Transylvanian prince in command of Hungary. His name is closely linked to the Rákóczi freedom fight launched by him in 1703, through which he wished to regain full independence for the country from the Habsburg Empire.

PETŐFI SÁNDOR

Magyar költő, forradalmár és nemzeti hős, a magyar költészet egyik legismertebb és legkiemelkedőbb alakja.

Hungarian poet, revolutionary and national hero, one of the best known and most outstanding figures of Hungarian poetry.

DÓZSA GYÖRGY

Az 1514-es parasztháborúba torkollott keresztes hadjárat katonai vezetője.

Military leader of the crusade which ended in a peasant uprising in 1514.

I. SZULEJMÁN

Az Oszmán Birodalom uralkodója volt. 1526. augusztus 29-én a mohácsi ütközetben tönkreverte Magyarország hadseregét.
Monarch of the Ottoman Empire. He totally defeated Hungary in the Battle of Mohács on 29 August 1526.

BATU KÁN

Dzsingisz kán legidősebb fiának, Dzsocsinak másodszülött fiúgyermeke; az 1241 és 1242 között lezajlott tatárjárás során letarolta Magyarországot.
Second-born son of the eldest son of Genghis Khan, Jotshi; during the invasion by the Tartars in 1241–1242, he devastated Hungary.

VLAGYIMIR ILJICS LENIN

Orosz nemzetiségű államférfi, a Szovjetunió első vezetője, marxista forradalmár, gondolkodó, a leninizmus névadója, a vörös terror atyja.
Russian statesman, the first head of the Soviet Union, Marxist revolutionary, philosopher, gave his name to Leninism, father of the Red Terror.

JOSIP JELAČIĆ BUŽIMSKI

Szlavóniai horvát születésű császárikirályi táborszernagy, a katonai Mária Terézia-rend parancsnoki fokozatának birtokosa, horvát bán; császári hadvezérként részt vett az 1848–49-es magyar szabadságharc leverésében.
Imperial-royal Feldzeugmeister of Slavonian-Croatian birth; holder of the commander's rank of the military Maria Theresa Order; Viceroy of Croatia; as Commander in the Imperial Army, he participated in the suppression of the 1848-1849 Hungarian freedom fight.

JULIUS JACOB VON HAYNAU

Osztrák hadvezér. Az 1848–49-es forradalom és szabadságharc bukása után Haynau, mint Magyarország teljhatalmú parancsnoka, vezette a magyar forradalmárok elleni megtorlást. 1849. október 6-án végeztette ki az aradi vértanúkat.
Austrian commander. After the failure of the 1848-1849 revolution and freedom fight, Haynau, as the omnipotent commander of Hungary, led the reprisals against the Hungarian revolutionaries. On 6 October 1849, he had the martyrs of Arad executed.

JOSZIF VISSZARIONOVICS SZTÁLIN

Apai ágon oszét, anyai ágon grúz nemzetiségű szovjet forradalmár, a Központi Bizottság főtitkára majd titkára, a Szovjetunió diktátora, az orosz hadsereg legfőbb hadvezéri titulusának birtokosa.
Soviet revolutionary of Ossete origin on the father's side and Georgian on the mother's side; Secretary-General, then Secretary of the Central Committee, dictator of the Soviet Union, holder of the title of Supreme Warlord in the Soviet Army.

PETŐFI SÁNDOR – 10 HUF
költő, forradalmár
poet and revolutionary

Eltűnt a segesvári csata közben.
*Believed to have been killed
in the battle of Segesvar.*

DÓZSA GYÖRGY – 20 HUF
keresztény mártír,
veszélyes bűnöző
*Christian martyr and
dangerous criminal*

Élve megégették.
Tortured, burnt alive.

II. RÁKÓCZI FERENC – 50 HUF
Magyarország vezérlő fejedelme,
erdélyi fejedelem
*Governing Prince of Hungary
and Prince of Transylvania*

Halálra ítélték volna, ha nem szökik
meg. Lengyelországba menekült,
török emigrációban halt meg.
*Facing a death sentence but escaped
from prison. Later exiled to Poland
then died in exile in Turkey.*

KOSSUTH LAJOS – 100 HUF
jogász, újságíró, politikus,
Magyarország kormányzó elnöke
*lawyer, journalist, politician,
Governing President of Hungary*

Megfosztották állampolgárságától,
majd három évtizedet száműzetés-
ben élt.
*Deprived of his citizenship,
he escaped from Hungary
and lived in exile for three decades.*

ADY ENDRE – 500 HUF
költő, újságíró
poet, journalist

Szifilisz gyengítette le a szerve-
zetét, tüdőbaj végzett vele.
*Weakened by syphilis,
died of pneumonia.*

BARTÓK BÉLA – 1000 HUF
zeneszerző, zongorista
composer and pianist

A II. világháború alatt emigrált. Leuké-
miás volt, New York-i temetésén
a családjával együtt tízen voltak.
*Emigrated during World War II, died
from complications of leukemia
in New York.*

NOBEL-DÍJAK SZÁMA ORSZÁGONKÉNT*
NUMBER OF NOBEL PRIZES BY COUNTRIES*

1. Magyarország I Hungary   317   卌 卌 卌
2. Egyesült Államok I USA   295   卌 卌 ||||
3. Svájc I Switzerland   257   卌 卌 ||
4. Oroszország I Russia   191   卌 ||||
5. Ausztria I Austria   145   卌 ||
6. Japán I Japan   133   卌 |
7. Nagy-Britannia I UK   127   卌 |
8. Dánia I Denmark   118   卌
9. Franciaország I France   114   卌
10. Németország I Germany   107   卌

$$CeqNp = \frac{Np}{P \times Svic \times Tob \times \sqrt{Alc \cdot Ab}}$$

*Esélykiegyenlítő módszerrel számolva I Counted by chance equalizing method:
Np - Nobel-díjasok száma I Number of Nobel prize holders
P - Népesség I Population
Svic - Öngyilkossági ráta I Suicide rate
Tob - Egy főre jutó dohányfogyasztás I Tobacco consumption per capita
Alc - Egy főre jutó alkoholfogyasztás I Alcohol consumption per capita
Ab - Abortuszok száma I Number of abortions

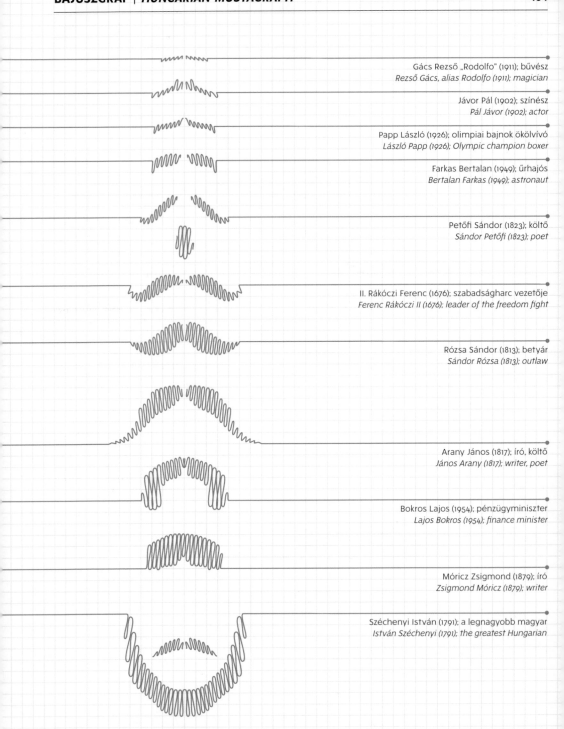

Gács Rezső „Rodolfo" (1911); bűvész
Rezső Gács, alias Rodolfo (1911); magician

Jávor Pál (1902); színész
Pál Jávor (1902); actor

Papp László (1926); olimpiai bajnok ökölvívó
László Papp (1926); Olympic champion boxer

Farkas Bertalan (1949); űrhajós
Bertalan Farkas (1949); astronaut

Petőfi Sándor (1823); költő
Sándor Petőfi (1823); poet

II. Rákóczi Ferenc (1676); szabadságharc vezetője
Ferenc Rákóczi II (1676); leader of the freedom fight

Rózsa Sándor (1813); betyár
Sándor Rózsa (1813); outlaw

Arany János (1817); író, költő
János Arany (1817); writer, poet

Bokros Lajos (1954); pénzügyminiszter
Lajos Bokros (1954); finance minister

Móricz Zsigmond (1879); író
Zsigmond Móricz (1879); writer

Széchenyi István (1791); a legnagyobb magyar
István Széchenyi (1791); the greatest Hungarian

A Abi (Ábel), Abi (Abigél), Adi (Adolf), Adi (Adorján), Adri (Adrienn), Adi (Adél), Adi (András), Adri (Andrea), Adri (Adrienn), Albi (Albin), Albi (Albert), Ali (Alfréd), Ali (Alajos), Ali (Álmos), Ali (Aladár), Ali (Alicia), Ambi (Ambrus), Anci (Anasztázia), Anci (Anzelma), Anci (Anna), Ancsi (Anikó), Ancsi (Anna), Andi (Andrea), Andi (Andor), Andi (Andrea), Andi (Andor), Andri (András), Andri (Andor), Andri (Andrea), Angi (Angelika), Angi (Angéla), Angi (Angyalka), Ani (Anikó), Ani (Anita), Ani (Anna), Ani (Antónia), Anni (Anna), Anni (Anikó), Anti (Antónia), Anti (Antal), Ari (Aranka), Ari (Aurél), Arti (Artúr), Aszti (Anasztázia), Ati (Attila), Ati (Artúr), Auréli (Aurél) **B** Bábi (Borbála), Bagyi (Bálint), Bali (Bálint), Bali (Balázs), Bandi (Endre), Bandi (András), Bandi (Andor), Barbi (Barbara), Barni (Barna), Barni (Barnabás), Bazsi (Balázs), Béci (Béla), Béluci (Béla), Benci (Bence), Benci (Benő), Benci (Benjámin), Benci (Benedek), Bencsi (Benjámin), Beni (Benedek), Beni (Benjámin), Béni (Béla), Béni (Benjámin), Berci (Bertalan), Berci (Róbert), Berci (Bernát), Berci (Albert), Berni (Bernát), Berni (Bernadett), Berti (Umbertó), Berti (Albert), Berti (Berta), Berti (Bertalan), Bertuci (Berta), Betti (Brigitta), Betti (Bernadett), Betti (Beáta), Betti (Beatrix), Betti (Berta), Betti (Erzsébet), Bibi (Abigél), Binci (Imre), Brigi (Brigitta), Bódi (Boldizsár), Bogi (Boglárka), Bogi (Boglár), Bolcsi (Szabolcs), Boldi (Boldizsár), Bombi (Boglár), Boni (Bonifác), Bóni (Bonifác), Bori (Borbála), Böbi (Erzsébet) **C** Ceci (Cecília), Céci (Cecília), Cibri (Ciprián), Cili (Cecília), Cinti (Cintia), Cipri (Ciprián), Cipri (Ciprienn), Csabi (Csaba), Csili (Csilla), Csilli (Csilla), Csiri (Piroska), Csiri (Irén), Csuti (Judit) **D** Dani (Dániel), Decsi (Dezső), Demi (Demeter), Dezsi (Dezső), Dinci (Dénes), Dincsi (Diána), Dini (Dénes), Dini (Edina), Dini (Nándor), Ditti (Edit), Dodi (Dávid), Dodi (József), Dodi (Rozália), Dódi (József), Dolfi (Adolfi), Dombi (Domokos), Domi (Domonkos), Domi (Domokos), Dóri (Dóra), Dóri (Izidóra), Dóri (Teodóra), Dóri (Dorottya), Dönci (Dömötör), Dönci (Ödön), Dusi (Magdolna) **E** Eci (Eszter), Edi (Edvárd), Edi (Ede), Edi (Edina), Edi (Edit), Eli (Eleonóra), Eli (Elemér), Eli (Elek), Eli (Ella), Eli (Kornélia), Eli (Elvira), Elli (Ella), Elzi (Elza), Emi (Emese), Emi (Emil), Emi (Emma), Emi (Emőke), Emi (Elemér), Emi (Emília), Emici (Emil), Emili (Emília), Emmuci (Emma), Enci (Elemér), Enci (Ernő), Enci (Enikő), Enci (Emőke), Enci (Emerencia), Enci (Endre), Encsi (Endre), Encsi (Elemér), Encsi (Enikő), Endi (Endre), Endri (Endre), Erci (Ernő), Eri (Ervin), Eri (Erika), Eri (Erna), Erni (Ernő), Erzsi (Erzsébet), Eszti (Eszter), Eti (Etele), Eti (Etelka) **F** Faci (Franciska), Fadi (Farkas), Fáni (Stefánia), Fáni (Franciska), Feci (Ferenc), Ferci (Ferenc), Fercsi (Ferenc), Ferdi (Ferdinánd), Feri (Ferenc), Flóri (Flóra), Flóri (Flórián), Fonzi (Alfonz), Franci (Franciska), Franci (Ferenc), Frici (Frigyes), Frici (Ferenc), Frici (Alfréd), Frici (Friderika), Fridi (Frigyes), Fruzsi (Fruzsina) **G** Gabcsi (Gabriella), Gabcsi (Gábor), Gabi (Gabriella), Gabi (Gábor), Gazsi (Gáspár), Gazsi (Zsigmond), Geni (Genovéva), Geri (Gergely), Gézi (Géza), Gidi (Gedeon), Gigi (Ágnes), Giti (Margit), Gizi (Gizella), Goti (Gothárd), Gotti (Ágota), Gréti (Margit), Guszti (Gusztáv), Guszti (Ágoston), Guszti (Auguszta), Guszti (Gusztáv), Gyöngyi (Györgyi), Gyöngyi (Gyöngyvér), Györgyi (Georgina), Gyuri (György), Gyuszi (Gyula) **H** Hanni (Johanna), Hajni (Hajnalka), Helgi (Helga), Heli (Heléna), Hencsi (Henriett), Heni (Henriett), Henni (Henriett), Henri (Henriett), Hili (Hilda) **I** Ibi (Ibolya), Ibici (Ibolya), Igi (Igor), Ili (Illés), Ili (Ildikó), Ili (Ilona), Igi (Ignác), Ilcsi (Ilona), Ilcsi (Ildikó), Ildi (Ildikó), Illi (Illés), Imcsi (Imre), Imi (Irma), Imi (Imre), Imri (Imre), Irmi (Irma), Isti (István), Ivi (Iván), Ivi (Ivett), Izi (Izolda) **J** Jaki (Jakab), Jáki (Joakim), Jaksi (Jakab), Jancsi (János), Jani (János), Jáni (János), Jenci (Jenő), Jeri (Jeremiás), Jéri (Jeremiás), Joci (József), Joci (Jolán) Joci (Joakim), Johi (Johanna), Jolcsi (Jolán), Joli (Jolán), Józsi (József), Józsi (Józsa), Juci (Judit), Juci (Julianna), Juci (Jusztina), Juci (Júlia), Judi (Judit), Julcsi (Julianna), Juli (Júlia), Juli (Julianna), Juszti (Jusztina) **K** Klári (Klára), Kalmi (Kálmán), Kálmi (Kálmán), Kami (Kálmán), Kami (Kamilla), Kami (Kamill), Karcsi (Károly), Kari (Károly), Kari (Karola), Kári (Károly), Kati (Katalin), Katuci (Katalin), Kazi (Kázmér), Kázi (Kázmér), Kingi (Kinga), Kinguci (Kinga), Kini (Kinga), Klári (Klára), Klári (Jozefa), Koli (Kolos), Kondi (Konrád), Kori (Kornél), Kristi (Kristóf), Kriszti (Krisztián), Kriszti (Krisztina) **L** Lali (Lajos), Laci (László), Laci (Lázár), Lajcsi (Lajos), Lazi (Lázár), Lázi (Lázár), Lexi (Elek), Lenci (Lőrinc), Lenci (Eleonóra), Lenci (Lenke), Lenci (Heléna), Léni (Helén), Léni (Leonóra), Levi (Levente), Lexi (Alexander), Lexi (Alex), Lidi (Lídia), Lidi (Ildikó), Lili (Lilián), Lili (Euláli), Lili (Lívi), Lili (Lilla), Livi (Lívia), Lipi (Lipót), Lizi (Aliz), Lóci (Lőrinc), Lojzi (Alajos), Lőri (Lőrinc), Lóri (Lóránt), Lóri (Laura), Lóri (Flórián), Lóri (Loránd), Lujzi (Lujza) **M** Manyi (Mária), Manyi (Margit), Manyi (Matild), Marci (Marcella), Marci (Márkus), Marci (Márton), Marci (Mária), Marci (Marcell), Marcsi (Mária), Marcsi (Marianna), Marcsi (Marcella), Mari (Mária), Mari (Marianna), Mári (Mária), Márti (Márta), Mártuci (Márta), Máti (Máté), Mati (Matild), Márti (Márta), Mati (Máté), Mati (Matild), Máti (Máté), Matyi (Matild), Meli (Melinda), Meli (Meliton), Mesi (Emese), Mesi (Tímea), Mici (Mária), Mati (Máté), Mati (Matild), Máti (Máté), Matyi (Mátyás), Matyi (Matild), Maxi (Maximilián), Meli (Melinda), Meli (Meliton), Mendi (Menyhért), Mesi (Emese), Mesi (Tímea), Mici (Mária), Miki (Miklós), Mili (Emília), Mimi (Emília), Mimi (Noémi), Mimi (Mária), Móni (Mónika), Mózsi (Mózes), Muci (Irma), Muci (Emma), Muci (Magdolna) **N** Náci (Ignác), Náncsi (Anna), Náncsi (Nándor), Nándi (Nándor), Nándi (Ferdinánd), Neci (Nelli), Neci (Kornélia), Nelli (Kornélia), Nelli (Petronella), Niki (Nikoletta), Niki (Nikolett), Noncsi (Noémi), Noni (Noémi), Norbi (Norbert), Norcsi (Norbert), Norcsi (Nóra), Nori (Norbert), Nóri (Eleonóra), Nóri (Leonóra), Nóri (Nóra), Nusi (Anna) **O** Olgi (Olga), Oli (Olivér), Oli (Olga), Orbi (Orbán), Orsi (Orsolya), Oszi (Oszvald), Oszi (Oszkár), Oti (Ottó), Otti (Otília), Otti (Ottó) **P** Pádi (Árpád), Pali (Paula), Pali (Pál), Panni (Anna), Pepi (Jozefa), Pepi (Jozefina), Pepi (Józsa), Perzsi (Erzsébet), Peti (Péter), Pircsi (Piroska), Piri (Irén), Pisti (István), Póli (Paula), Póli (Apollónia), Póli (Polixéna), Pötyi (Erzsébet), **R** Rafi (Rafaella), Rafi (Rafael), Ráfi (Rafael), Rebci (Rebeka), Rebcsi (Rebeka), Rebi (Rebeka), Rébi (Rebeka), Renci (Renáta), Rencsi (Renáta), Reni (Renáta), Rezi (Terézia), Rézi (Terézia), Rezsi (Rezső), Robcsi (Roberta), Robcsi (Róbert), Robi (Roberta), Robi (Róbert), Roli (Roland), Roni (Veronika), Roni (Roberta), Rozi (Róza), Rozi (Rózsa), Rozi (Rozália), Rózi (Rózsa), Rózi (Rozália), Rózsi (Róza), Rózsi (Rozália), Rózsi (Rózsa), Rudi (Rezső) Rudi (Rudolf) **S** Saci (Sára), Saci (Sándor), Saci (Sarolta), Sali (Salamon), Sanci (Sándor), Sandi (Sándor), Sari (Sarolta), Sári (Sára) Sári (Sarolta) Seci (Edit), Simi (Simon), Sebi (Sebestyén), Szabi (Szabina), Szabi (Szabolcs), Szilvi (Szilvia), Sziszi (Szilvia), Sziszi (Szilárd) **T** Tami (Tamara), Tami (Tamás), Tercsi (Teréz), Tercsi (Terézia), Teri (Terézia), Teri (Teréz) Tibi (Tibor), Tibi (Tivadar), Tici (Tícián), Tifi (Tifani), Tili (Otília), Titi (Titusz), Titi (Tímea), Tivi (Tivadar), Tomcsi (Tamás), Tomi (Tamás), Toncsi (Antónia), Toncsi (Antal), Tóni (Antal), Tóni (Antónia) **V** Vaci (Valéria), Valcsi (Valéria), Vali (Valéria), Vali (Valér), Viki (Viktória), Viki (Éva), Viki (Viktor), Vircsi (Virág) **Z** Zaki (Zakariás), Zizi (Izolda), Zizi (Zita), Zizi (Izabella), Zoli (Zoltán), Zsoci (Zsolt), Zsóci (Zsófia), Zsófi (Zsófia), Zsolti (Zsolt), Zsuzsi (Zsuzsa)

PETŐFI	KOSSUTH
2792	2683

● csak Petőfi utca | *only Petőfi street*
● mindkét utca | *both streets*
● csak Kossuth utca | *only Kossuth street*

Petőfi és Kossuth utcák száma Magyarországon
The number of Petőfi and Kossuth streets in Hungary

Adatok forrása | *Data source:* **GeoX Térinformatikai Kft.**

BORSOD-ABAÚJ-ZEMPLÉN	308 | 289
SZABOLCS-SZATMÁR-BEREG	230 | 214
SOMOGY	204 | 204
ZALA	212 | 193
PEST	200 | 201
BARANYA	179 | 176
VESZPRÉM	171 | 157
VAS	162 | 144
GYŐR-MOSON-SOPRON	149 | 141
BÁCS-KISKUN	124 | 116
HEVES	117 | 110
NÓGRÁD	115 | 112
FEJÉR	111 | 104
TOLNA	99 | 101
HAJDÚ-BIHAR	87 | 90
BÉKÉS	81 | 85
JÁSZ-NAGYKUN-SZOLNOK	77 | 86
KOMÁROM-ESZTERGOM	78 | 70
CSONGRÁD	68 | 65
BUDAPEST	20 | 25

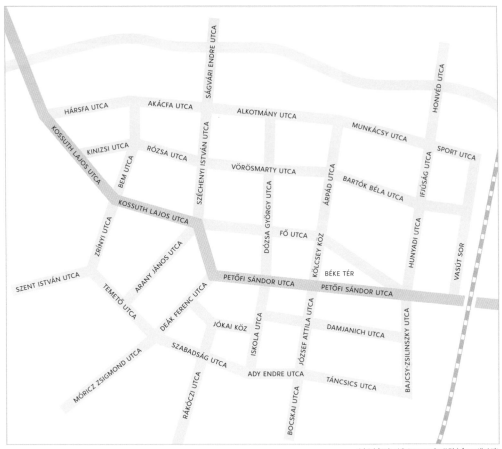

Adatok forrása | *Data source:* **GeoX Térinformatikai Kft.**

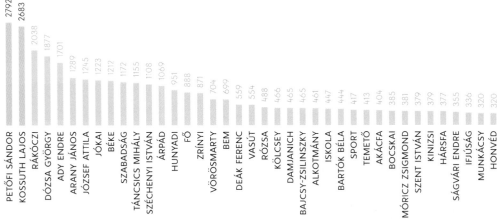

*Magyarországon 3154 településen 124 539 közterület van, tehát egy településre 39 jut átlagosan. Elképzeltük az átlag magyar települést a leggyakoribb utcanevekkel.

Hungary has 124,539 streets in 3,154 settlements, that is, there are about 39 streets in an average village. We imagined the very average village in Hungary with the most common street names.

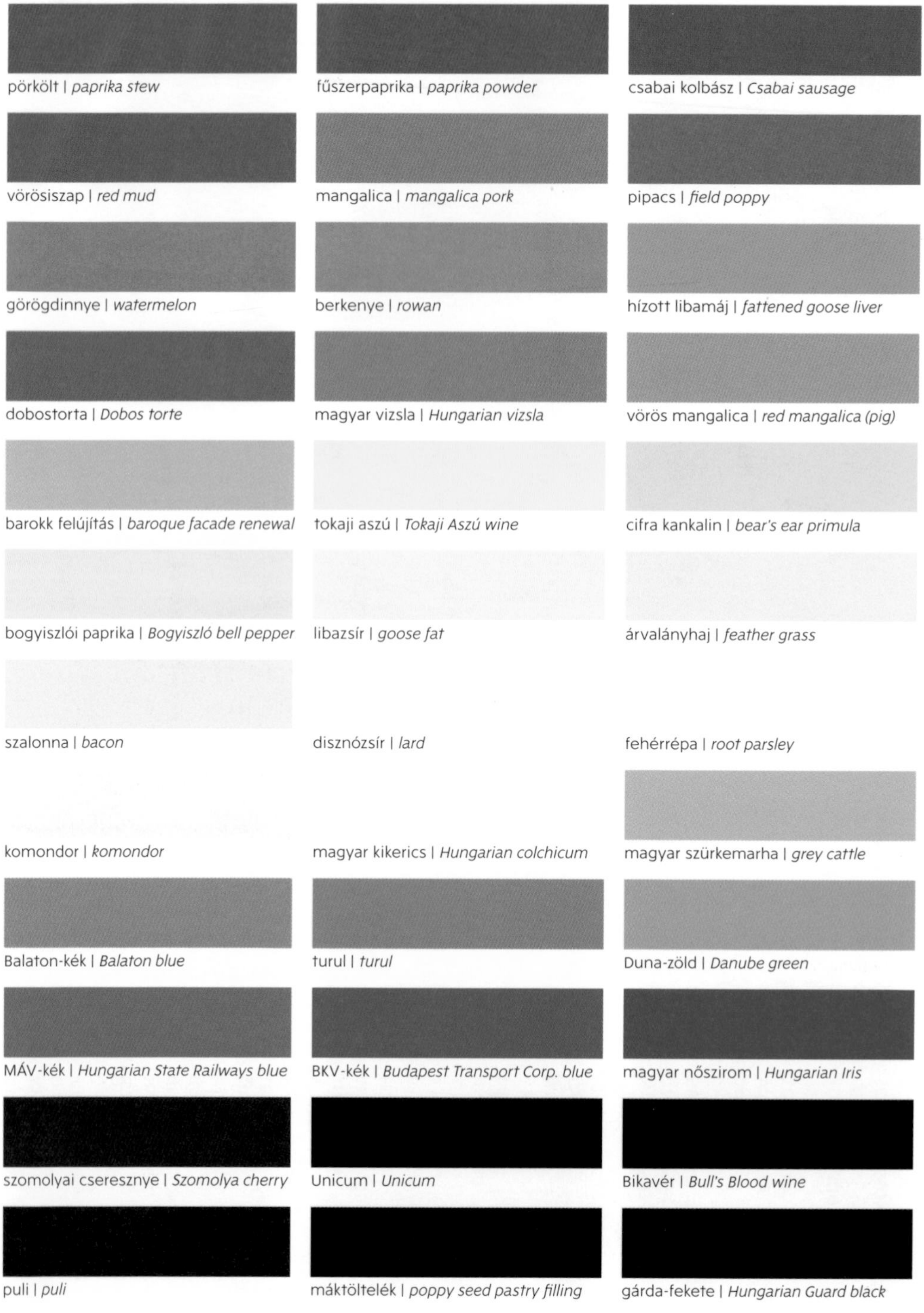

pörkölt | *paprika stew*

fűszerpaprika | *paprika powder*

csabai kolbász | *Csabai sausage*

vörösiszap | *red mud*

mangalica | *mangalica pork*

pipacs | *field poppy*

görögdinnye | *watermelon*

berkenye | *rowan*

hízott libamáj | *fattened goose liver*

dobostorta | *Dobos torte*

magyar vizsla | *Hungarian vizsla*

vörös mangalica | *red mangalica (pig)*

barokk felújítás | *baroque facade renewal*

tokaji aszú | *Tokaji Aszú wine*

cifra kankalin | *bear's ear primula*

bogyiszlói paprika | *Bogyiszló bell pepper*

libazsír | *goose fat*

árvalányhaj | *feather grass*

szalonna | *bacon*

disznózsír | *lard*

fehérrépa | *root parsley*

komondor | *komondor*

magyar kikerics | *Hungarian colchicum*

magyar szürkemarha | *grey cattle*

Balaton-kék | *Balaton blue*

turul | *turul*

Duna-zöld | *Danube green*

MÁV-kék | *Hungarian State Railways blue*

BKV-kék | *Budapest Transport Corp. blue*

magyar nőszirom | *Hungarian Iris*

szomolyai cseresznye | *Szomolya cherry*

Unicum | *Unicum*

Bikavér | *Bull's Blood wine*

puli | *puli*

máktöltelék | *poppy seed pastry filling*

gárda-fekete | *Hungarian Guard black*

Borsos Lőrinc
Székely 1. | *Sekler 1.*

Borsos Lőrinc
Székely 2. | *Sekler 2.*

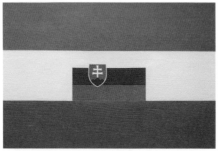

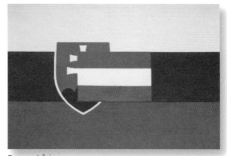

Borsos Lőrinc
Felvidéki 1. | *Upper Hungarian 1.*

Borsos Lőrinc
Felvidéki 2. | *Upper Hungarian 2.*

Borsos Lőrinc
Kárpátaljai 1. | *Subcarpathian 1.*

Borsos Lőrinc
Kárpátaljai 2. | *Subcarpathian 2.*

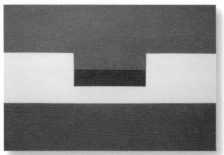

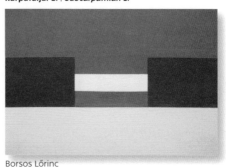

Borsos Lőrinc
Vajdasági 1. | *Vojvodinian 1.*

Borsos Lőrinc
Vajdasági 2. | *Vojvodinian 2.*

Borsos Lőrinc
Szélsőjobb árnyék | *Extreme right shade*

Pál Rebeka
Adalék | *Admixture*

Kapitány Eszter
Lángok és emlékek | *Flames and memories*

Hajdu Gáspár, Papp Gábor
3D

Borsos Lőrinc
Uniform 1.

Borsos Lőrinc
Uniform 2.

Borsos Lőrinc
Uniform 3.

Borsos Lőrinc
Trikolór | *Tricolour*

Madarassy Anikó
Lobogónk: a pénz | *Our standard is money*

Borsa Aliz
Spar

Steiner Balázs Miklós
Paprika. Só. Petrezselyem. | *Paprika. Salt. Parsley.*

Borsa Aliz
Virágzó Ország | *Flowering Country*

Soltész Noémi
Nagyi, anya, én | *Granny, Mum and Me*

Gelencsér Judit
Összekötve | *Bound*

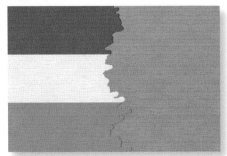

Molnár Zsolt
Narancsverés | *Orange plague*

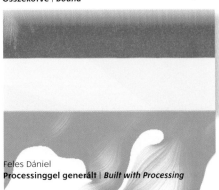

Feles Dániel
Processinggel generált | *Built with Processing*

Mákó Rozi
Zavar | *Confusion*

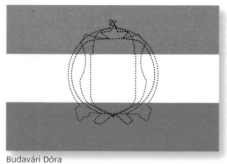

Budavári Dóra
A magyar zászló fejlődése | *Hungarian flag's evolution*

Evva Ambrus
Az új királyság | *The New Kingdom*

Bölecz Lilla
Vidám Magyarországot! | *For a merry Hungary!*

Tömör Miklós
Zárva | *Closed*

Hajdu Bence
Variációk | *Variations*

Puklus Péter
Háromszög | *Triangle*

Puklus Péter
Túltöltve | *Overloaded*

Puklus Péter
Felkelő nap | *Rising Sun*

Czél Mátyás
A felkelő nap országa | *Country of the rising sun*

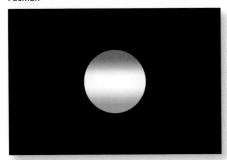

Puklus Péter
Pacman

Mészáros Zsuzska
Széthúzás | *Dissention*

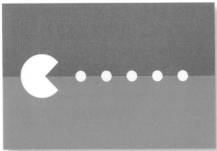

Molnár Zsolt
Hol a remény? | *Where is hope?*

Smiló Dávid
Töltés | *Loading*

Puklus Péter
Átmenet | *Transition*

Korponovics Roland
Beágyazott identitás | *Embedded identities*

Porpáczy Zoltán
Monoszkóp | *Monoscope*

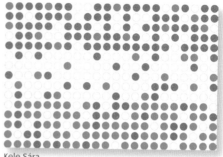

Kele Sára
Káosz | *Chaos*

Navratil Judit
Magyar minta | *Hungarian pattern*

Porpáczy Zoltán
Rovásírásos zászló | *Runic script flag*

Molnár Zsolt
Vissza a gyökerekhez | *Back to the roots*

Szolga Zsófi
Veszekedők | *Quarrellers*

Hajdu Gáspár
Zaj | *Noise*

Korponovics Roland
Sosem lehet tele | *It can never be full*

Puklus Péter
Női akt | *Female Nude*

Hajdu Bence
Margó | *Edge*

Czél Mátyás
RGW

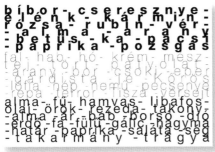

Puklus Péter
Tilos | *Forbidden*

Steiner Balázs Miklós
Piros·Fehér·Zöld | *Red·White·Green*

Mákó Rozi
.NFO trikolór | *.NFO tricolour*

Mákó Rozi
Magyar gubanc | *Hungarian stangle*

Mákó Rozi
Magyar hurok | *Hungarian loop*

Barcza Gergely (1979, Nyíregyháza)
Építész, nős, Magyarországon él és dolgozik, elsősorban Budapesten. Tanult egy évet Finnországban, építészként több projektben vett részt Kambodzsában és Indiában.
Architect, married, lives and works in Hungary, mainly in Budapest. Studied also in Finland and worked in Cambodia and in India.

· A XX. század legjellegzetesebb népi épülete
  The most characteristic vernacular building of the 20th century **70**
· Ezer sátortetős kockaház átlaga | *Average of a thousand cube-shaped houses with hip roofs* **74**

Bölecz Lilla (1985, Kiskunhalas)
Tervezőgrafikus, korábban szociális munkás. Budapesten él, egyedül egy nagy házban.
Graphic designer, formerly social worker. Lives in Budapest in a big house on her own.

· Magyarország-térképek | *Maps of Hungary* **18**
· Szokások | *Habits* **122**
· Állathangok | *Animal sounds* **128**
· Alternatív országzászlók | *Alternative flags of Hungary* **172**

Borsa Aliz (1986, Kerepestarcsa)
Formatervező, typegeek. Utazásairól rendszerint kincsekkel tér haza.
Designer, typegeek. She regularly returns with treasures from her travels.

„*Az atlaszról* című összegzés alapján úgy gondolom, hogy munkáink kapcsán nem szerencsés politikai problémákra kitérni és állást foglalni."
"After reading About the Atlas, *written by Annelys de Vet, with the highest respect, I think it is unhappy to mention political issues or take sides concerning our contribution."*

· Magyarország-térképek | *Maps of Hungary* **25**
· Alternatív országzászlók | *Alternative flags of Hungary* **171**

Borsa Béla, dr. (1948, Kaposvár)
Kutató gépészmérnök, Gödöllőn él családjával, szabadidejében természetfotózással is foglalkozik.
Research engineer, living in Gödöllő with his family; he is into nature photography in his leisure time.

„*Az atlaszról* című összegzés alapján úgy gondolom, hogy munkáink kapcsán nem szerencsés politikai problémákra kitérni és állást foglalni."
"After reading About the Atlas, *written by Annelys de Vet, with the highest respect, I think it is unhappy to mention political issues or take sides concerning our contribution."*

· Egyedi magyar hópihék és jégvirágok | *Unique Hungarian snowflakes and frost-fern* **64**

Borsos Lőrinc: Borsos János (1979, Székesfehérvár) **& Lőrinc Lilla** (1980, Mór)
Képzőművész házaspár, 2008 óta rendszeresen dolgoznak közös projekteken. Két csincsillával és egy kutyával élnek Székesfehérvár és Budapest között ingázva.
Artist couple. They have regularly been working on joint projects since 2008. They live with two chinchillas and a dog, commuting between Széksefehérvár and Budapest.

· Magyarország-térképek | *Maps of Hungary* **19, 29**
· A 2006-os budapesti tiltakozások emblematikus szereplői
  Emblematic participants in the 2006 Budapest protests **156**
· Utált és Megvetett – utcai demonstrációs viselet
  Hated and Despised – Street demonstration wear **158**
· Alternatív országzászlók | *Alternative flags of Hungary* **169, 170**

Budavári Dóra (1985, Győr)
Újságíró, szövegíró, kreatív. Közösségi kampányok stratégia építésében és márkaépítéssel kapcsolatos produceri munkában vesz részt, emellett szívügye az országimázs. Budapesten él.
Journalist, copywriter, creative. She creates strategies for social media campaigns and is a producer of brand-building projects. One of her favorite topics is country image. She lives in Budapest.

Bujdosó Attila (1981, Budapest)
Építész, Budán él menyasszonyával, egy-egy évet töltött Stockholmban és Oszakában.
Architect, lives in Buda with his fiancée, spent one year in Stockholm and another in Osaka.

Czél Mátyás (1991, Miskolc)
Három lakótársával él együtt egy budapesti albérletben.
Lives with three flatmates in the 1st district of Budapest.

Csík-Kovács Zoltán (1974, Szeged)
Filozófia és informatika után vizuális kommunikációt tanult.
Barátnőjével Budapesten él, sokat biciklizik és sétál.
Studied visual communication after philosophy and informatics.
Lives in Budapest with his girlfriend, often bikes or walks.

Evva Ambrus (1975, Budapest)
Építész, Párizsban élt 28 éven keresztül. Most apja budapesti lakásában él vele együtt, miközben próbálja befejezni saját lakását.
Architect, grew up in Paris, now lives in Budapest with his father in his big flat while trying to finish his own.

Farkas Kata (1984, Kecskemét)
Tervezőgrafikus, barátjával él a XIII. kerületben.
Graphic designer, lives with her boyfriend in the 13th district of Budapest.

· Magyarország-térképek | *Maps of Hungary* **19**
· Mi a legjobb és a legrosszabb dolog az életedben itthon?
  What are the best and worst things about your life in Hungary? **112**

Feles Dániel (1990, Budapest)
MOME-hallgató, KIBU-kutató. Néha szüleinél lakik törökbálinti
családi házukban, máskor Budapesten egyedül egy kis lakásban.
*Student at MOME, researcher at Kitchen Budapest. Stays sometimes
with his parents in Törökbálint, lives in a little flat in Budapest.*

· Magyarország-térképek | *Maps of Hungary* **30**
· Alternatív országzászlók | *Alternative flags of Hungary* **171**

Fischer Judit (1981, Zalaegerszeg)
Festő, a VIII. kerületben él, boldogan.
Painter, lives happily in a flat in the 8th district.

· Magyarország-térképek | *Maps of Hungary* **24**
· Rágcsálnivalók, nyalánkságok | *Snacks, choice morsels* **145**

Frank Béla (1978, Orosháza)
Tipográfus, betűtervező & tervezőgrafikus, a fővárosban él.
Typographer, type & graphic designer, lives in Budapest.

· FR Hopper | *FR Hopper* **186**

Gelencsér Judit (1980, Keszthely)
Tervezőgrafikus, Budapest belvárosában él barátjával közös lakásában.
Graphic designer, lives with her boyfriend in their own apartment in downtown Budapest.

· Magyarország-térképek | *Maps of Hungary* **18, 20, 22, 23, 27**
· Továbbélő minták | *Patterns living on* **96**
· Balatoni halak | *Balaton fish* **136**
· Alternatív országzászlók | *Alternative flags of Hungary* **171**

Cristina Groşan (1987, Arad, RO)
A XII. kerületben él egy barátjával közös albérletben.
Rents a flat with a friend in the 12ᵗʰ district of Budapest.

· Önarckép magyar tárgyaimon keresztül | *Self-portrait through the Hungarian stuff I use* **84**

Gruppo Tökmag:
Kovács Budha Tamás (1984, Budapest)
Lumpen, sokat költözik erre-arra, folyton ide-oda megy.
A rake, moves a lot here and there, keeps wandering all the time.
Tábori András (1975, Budapest)
Képzőművész, Budapesten él, korábban fél évet töltött Nürnbergben.
Artist, lives in Budapest, spent six months in Nuremberg.

· Nagyvárosi régészet | *Urban archaeology* **56**

Hajdu Bence (1986, Budapest)
Intermédia-művész, Budapesten lakik a családjával.
Intermedia artist, lives in Budapest with his family.

· Zavar | *Disorientation* **54**
· Alternatív országzászlók | *Alternative flags of Hungary* **172, 175**

Hajdu Gáspár (1985, Budapest)
Építész, egy budai lakásban él.
Architect, lives in a flat in Buda.

· A Moszkva tér árnyai | *Shadows of Moscow Square* **46**
· Alternatív országzászlók | *Alternative flags of Hungary* **170, 174**

Kapitány Eszter (1983, Budapest)
Tervezőgrafikus, az egyetemet Bécsben végezte,
egy évig élt New Yorkban. Most Budán él kisfiával.
Graphic designer, graduated in Vienna, lived also
in New York for a year. Lives now with her son in Budapest.

· Magyarország-térképek | *Maps of Hungary* **19**
· Nyilvános magánélet | *Public privacy* **120**
· Ártatlan gyerekversek | *Our innocent nursery rhymes* **124**
· Alternatív országzászlók | *Alternative flags of Hungary* **170**

Kasnyik Anna (1982, Budapest)
Tervezőgrafikus, Bécsben, Berlinben, Rotterdamban és New Yorkban élt és tanult.
Jelenleg egy VI. kerületi budapesti lakásban él kutyájával és egy hibiszkuszbokorral.
Graphic designer. Lived and studied in Vienna, Berlin, Rotterdam and New York.
Currently lives in Budapest in the 6th district with a hibiscus bush and her dog.

· Magyarország-térképek | *Maps of Hungary*   **27**
· Így csináljuk mi! | *This is how we do it!*   **148**

Kele Sára (1983, Budapest)
Ipari formatervező, egy belvárosi lakásban él barátjával.
Tanult és dolgozott Rómában, élt Barcelonában.
Industrial designer, lives in a Budapest downtown flat with her
boyfriend. Studied and worked in Rome, also lived in Barcelona.

· Magyarország-térképek | *Maps of Hungary*   **19**
· Ártatlan gyerekversek | *Our innocent nursery rhymes*   **124**
· Kiránt | *Fried*   **138**
· Beránt | *Thickened*   **140**
· Alternatív országzászlók | *Alternative flags of Hungary*   **174**

Kerekes Kata (1988, Esztergom)
Tájépítész, barátjával, bátyjával és barátokkal lakik egy budai lakásban.
Landscape designer, lives with her boyfriend, her brother and her friends in a small flat in Buda.

· Édes otthon | *Sweet home*   **14**

Kiss László (1981, Debrecen)
Művész, nemrég költözött Budáról Pestre, mindig elfoglalt.
Hét évig dolgozott, tanult, utazgatott és bulizott Angliában.
Sound artist, just moved from Buda to Pest, always busy. He was
working, studying, travelling and partying in England for seven years.

· 11–11   **108**

Korponovics Roland (1987, Budapest)
Hallgató a Képzőművészeti Egyetemen. Szüleivel, nővérével, sógorával,
unokaöccsével lakik, két kutyával, halakkal, két agámával és egy tarajos gőtével együtt.
Student at University of Fine Arts. Lives with his parents, his sister, his brother-in-law,
his nephew, with two dogs, two agamas, a newt and seven fish.

· Magyarország-térképek | *Maps of Hungary*   **25**
· Elvesztegetett két évem | *My wasted two years*   **34**
· Büszkeség Magyarországon | *Pride in Hungary*   **106**
· Emberek, akiket nem akarunk látni | *People we don't want to see*   **118**
· Alternatív országzászlók | *Alternative flags of Hungary*   **173, 174**

Kovács Zoltán (1979, Budapest)
Építészmérnök, nappal házakat tervez és 3D animációkat készít,
éjszaka zongorát reparál. Feleségével Budapesten él.
Architect, designs houses and does CG in daytime,
fixes his piano in the night. Lives in Budapest with his wife.

· A XX. század legjellegzetesebb népi épülete
  The most characteristic vernacular building of the 20th century **70**
· Ezer sátortetős kockaház átlaga | *Average of a thousand cube-shaped houses with hip roofs* **74**

Léderer Sándor (1982, Budapest)
Budapesten, Berlinben és Bonnban tanult, nemzetközi tanulmányokat folytatott.
Alapító tagja a K-Monitor Független Közpénzfigyelő Irodának.
Went to school in Budapest, Berlin and Bonn, and studied international
relations in Budapest. Founder of the NGO K-Monitor, watchdog for public funds.

· Így csináljuk mi! | *This is how we do it!* **148**

Madarassy Anikó (1973, Budapest)
Építész, férjével és három gyermekével egy kis budai családi házban él.
Architect, lives with her husband and three children in a small family house in Buda.

· Budapest-galaxis | *Budapest Galaxy* **17**
· Családom vándorútja | *Routes of my family's migration* **32**
· A szomszéd háza mindig nagyobb | *The neighbour's house is always bigger* **44**
· Látogatóban gyermekeim osztálytársainál | *Visiting my children's school friends* **87**
· Alternatív országzászlók | *Alternative flags of Hungary* **171**

Mákó Rozi (1979, Cegléd)
Tervezőgrafikus, barátjával él Budapesten. Korábban Barcelonában tanult.
Graphic designer, lives with her boyfriend in Budapest. She also studied in Barcelona.

· Magyarország-térképek | *Maps of Hungary* **20**
· Két keréken az élet Budapesten – Critical Mass Budapest
  Cycling life in Budapest – Critical Mass Budapest **38**
· Kiárusítva | *Sold out* **146**
· Alternatív országzászlók | *Alternative flags of Hungary* **172, 175**

Mészáros Zsuzska (1982, Győr)
Építész, egyedül él egy kis lakásban, amelyet egy idős asszonytól bérel.
Architect, lives alone in a tiny flat that she rents from an old lady.

· Magyarország-térképek | *Maps of Hungary* **20**
· Kertünk | *Our garden* **142**
· Alternatív országzászlók | *Alternative flags of Hungary* **173**

Molnár Zsolt (1982, Pápa)
Mobil felhasználói felületeket tervez, Budapest VII. kerületi lakásában fényképező-
gépekkel és fényképekkel, rengeteg dizájncuccal és a bicajával lakik együtt.
Mobile UX designer, lives in his 7ᵗʰ district flat in Budapest,
surrounded by loads of cameras, photos, his awesome bike
and random designer stuff.

· 365 Budapest **50**
· Őrangyalok | *Guardian angels* **114**
· Alternatív országzászlók | *Alternative flags of Hungary* **171, 173**

Navratil Judit (1982, Szombathely)
Festő, szerelmével saját lakásban laknak Pesten. Több évig élt Kanadában,
és fél évet töltött Szöulban.
Painter, lives with her fiancé in their own apartment in Budapest.
Spent several years in Canada and six months in Seoul.

· Gettó | *The Hood* **36**
· Bővülő otthonom | *My expanding home* **110**
· Alternatív országzászlók | *Alternative flags of Hungary* **174**

Novák Péter János (1975, Debrecen)
Alkotó, jelenleg egyedül él egy kis házban egy erdő közepén.
Több mint tíz évet élt külföldön, különböző okokból – a legtöbbet Katalóniában.
Artist, lives alone in a small chalet in the middle of the forest.
He spent over ten years abroad, for various reasons, mostly in Catalonia.

· Magyarország-térképek | *Maps of Hungary* **19**
· Vidék | *Countryside* **66**
· Kiránt | *Fried* **138**
· Beránt | *Thickened* **140**
· Dominancia | *Dominance* **150**
· Garázdálkodj okosan! | *Monopolice* **152**
· Gyerekkorom tragikus hősei | *Tragic heroes of my childhood* **162**

Pál Rebeka (1971, Budapest)
Médiaművész, kétéves lányával él az I. kerületben, Budapesten és Franciaországban tanult.
Hónapokat töltött vendégművészként több európai városban, valamint New Yorkban is.
Media artist, lives with her daughter Rose - 2 years old - in the 1ˢᵗ district. She studied in Budapest and in
France, and did residencies in several European cities as well as in New York.

· Építészeti részletek | *Architectural details* **48**
· Kötődés | *Bonding* **76**
· Garázdálkodj okosan! | *Monopolice* **152**
· Alternatív országzászlók | *Alternative flags of Hungary* **170**

Papp Gábor (1974, Veszprém)
Informatikus, egyedül él egy kültelki barlanglakásban.
Computer scientist, lives in a suburban cave home.

· Magyarország-térképek | *Maps of Hungary* **20**
· Nobel-díjasok toplistája | *Nobel Prize Top List* **163**
· Kossuth vs Petőfi **166**
· Átlagtelepülés | *Average village* **167**
· Alternatív országzászlók | *Alternative flags of Hungary* **170**

Papp Zsolt (1974, Békéscsaba)
Grafikus, Gyömrőn él feleségével, három fiával és két kutyájával.
Graphic designer lives in Gyömrő with his wife, his three sons and two dogs.

· Magyarország-térképek | *Maps of Hungary* **28**
· Múlt + Valóság = Jelen | *Past + Reality = Present* **98**
· Bajuszgráf | *Hungarian mustagraph* **164**

Pásztor Eszter (1953, Budapest)
Tolmács-fordító Budapesten, egyébként a bódvalenkei Freskófalu projekt vezetője.
A hamburgi és az aberdeeni egyetemen tanult.
Interpreter in Budapest; her second life is tied to the Bódvalenke Fresco Village project.
Studied at the universities of Hamburg and Aberdeen.

· Rita és családja | *Rita and her family* **90**
· Bódvalenke – A freskófalu | *Bódvalenke – The fresco village* **100**

Polányi Petra (1980, Ajka)
Grafikus, barátjával él egy tetőtéri lakásban.
Graphic designer, lives with her boyfriend in their own rooftop apartment.

· Magyarország-térképek | *Maps of Hungary* **20, 22, 26, 27**

Porpáczy Zoltán (1978, Budapest)
Tervezőgrafikus, barátnőjével él a VIII. kerületben.
Graphic designer, lives with his girlfriend in the 8th district of Budapest.

· Magyarország-térképek | *Maps of Hungary* **18, 22**
· Magyar babák – Idősek és fiatalok | *Hungarian dolls – Seniors and Juniors* **94**
· Emberek, akiket egy nap során látok | *People whom I see in the course of a day* **116**
· Alternatív országzászlók | *Alternative flags of Hungary* **174**

Puklus Péter (1980, Kolozsvár, RO)
Fotográfus, egy budai albérletben lakik a menyasszonyával és a kutyájukkal.
Photographer, lives with his fiancée and their dog in a rented flat in Buda.

· A kutya nélkül nem ismerem fel | *I recognize people by their dogs* **130**
· Alternatív országzászlók | *Alternative flags of Hungary* **172, 173, 175**

A TÁRSALKOTÓK

Rastätter Linda (1983, Miskolc)
Tervezőgrafikus, Budán lakik egyik barátjával.
Graphic designer, shares a flat with a friend in Buda.

· Vázlatok alternatív zászlóra | *Sketches for an alternative flag*   13
· A rézfaszú bagoly | *Copper dick owl*   129

Rácz Miklós (1977, Tiszaföldvár)
Régész. Budapesten él, műemlék épületeket kutat és dokumentál szerte az országban.
Archaeologist. Lives in Budapest, researches and documents historic buildings throughout the country.

· Nagyvárosi régészet | *Urban archaeology*   56

Sirály Dóri (1980, Budapest)
Tervezőgrafikus, kisfiával, a kutyájukkal, három macskával, két teknőssel
(és néha vaddisznókkal a kertben) él Budán, a hegyen.
*Graphic designer, lives with her son, their dog, three cats, two turtles
(and sometimes some wild boars in the garden) in the Buda hills.*

· Fröccs | *Wine spritzer*   144

Smiló Dávid (1988, Budapest)
Építészhallgató, barátnőjével él Budán, bár Pestet jobban szereti.
Student of architecture, lives with his girlfriend in a flat in Buda (though he prefers Pest).

· Magyarország-térképek | *Maps of Hungary*   24
· Zuhanóspirál, mélyátesés és a pesti panoráma | *Spiral dives, deep stalls and the view of Pest*   40
· A magyar szuperhős és az ellenfele | *The ultimate Hungarian superhero and his enemy*   160
· Alternatív országzászlók | *Alternative flags of Hungary*   173

Soltész Noémi (1981, Budapest)
Építész és a Kortárs Építészeti Központ aktivistája.
Budapesten lakik egy férjjel, két cicával és 19 621 tárggyal.
*Architect and activist of the Hungarian Contemporary Architecture Centre.
She lives in Budapest with a husband, two cats and 19,621 objects.*

· Tulajdon | *Property*   82
· Mi szeretnél lenni? | *What do you want to be?*   92
· Alternatív országzászlók | *Alternative flags of Hungary*   171

INDEX OF CONTRIBUTORS

185

Steiner Balázs Miklós (1980, Budapest)
Építész, a barátnőjével él Budapest XII. kerületében.
Architect, lives with his girlfriend in the 12th district of Budapest.

· Kiránt | *Fried* **138**
· Beránt | *Thickened* **140**
· Hungarikum-színsákla | *Hungaricum colour chart* **168**
· Alternatív országzászlók | *Alternative flags of Hungary* **171, 175**

Szemző Zsófia (1982, Budapest)
Képzőművész, albérletekben él a barátjával Budapesten és Párizsban,
sokat költözik. Gyermekkorában egy évet Washingtonban élt.
Artist, lives in rented flats with her boyfriend in Budapest and Paris,
she moves about a lot. She also lived in Washington, D.C. for a year as a child.

· Eladó, kiadó, csak a semmi nem múlik el soha (Hová tűnt mindenki?)
  For sale, to let, only nothing is for ever. (Where are all the people?) **78**
· Minden eladó | *Everything for sale* **80**
· „i" és „i". Egyenlőség | *"i" and "i". Equality* **165**

Szolga Zsófi (1984, Budapest)
Tervezőművész, több mint 15 éve Budapest VIII. kerületében lakik,
és az ott élők összekovácsolásán és kulturális identitásának kialakításán dolgozik.
Artist and social pioneer, she has been living in 8th district of Budapest
for over 15 years where she tries to develop cohesive force between locals.

· Hatalom? | *Power?* **10**
· Magyarország-térképek | *Maps of Hungary* **18, 20, 21**
· Alternatív országzászlók | *Alternative flags of Hungary* **174**

Tömör Miklós (1979, Budapest)
Kulturális projektek koordinátora, jelenleg egyedül él a VIII. kerületben.
Cultural project coordinator, lives alone in a small flat in the 8th district.

· Magyarország-térképek | *Maps of Hungary* **18, 31**
· Két keréken az élet Budapesten – Critical Mass Budapest
  Cycling life in Budapest – Critical Mass Budapest **38**
· Alternatív országzászlók | *Alternative flags of Hungary* **172**

Varga Szilvia Marcella (1981, Budapest)
Formatervező művész, barátjával él Budapest VII. kerületében, Skóciában tanult.
Designer, lives with her boyfriend in a flat in the 7th district of Budapest. She also studied in Scotland.

· Magyarország-térképek | *Maps of Hungary* **31**
· Sokszínű újrahasznosítás | *Colourful recycling* **60**
· Vízparti költészet | *Waterside poetry* **68**

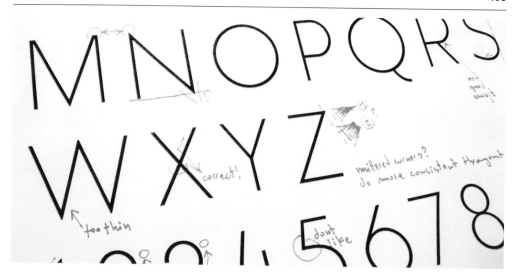

Az FR Hopper betűcsalád a magyar Faberfonts digitális betűöntöde fennállásának eddigi legnagyszabásúbb projektje.

A kezdeti vázlatok egy neutrális, elegáns kapitális betűkészlet formáinak, arányainak keresésével indultak több mint egy évvel ezelőtt. Azóta a Hopper rengeteg változáson esett át, és számtalan új elemmel egészült ki a tervezési folyamat során.

Az FR Hopper egy szerif nélküli betűcsalád, melynek megjelenése geometrikus formákon alapul, mégis hordoz magában egy csipetnyi személyiséget az alapformákon túl. Felhasználási területe lefedi a hosszabb szövegek szedésétől a címeken, posztereken való használaton keresztül a webes felhasználásig a tipográfiai munkák tömkelegét.

A betűcsalád hét súllyal, tizenkét változatban létezik, egyenként 836 glifával – ami összesen 10 032 választható betűképet jelent. Mindemellett kifinomult tipográfiai megoldásokat lehetővé tevő OpenType tulajdonságokkal rendelkezik, úgymint a külön megtervezett kiskapitálisok, ligatúrák, alternatív betűképek, törtek, nyilak, ornamensek stb…

Az FR Hopper az Extended Latin-A és Latin-B karakterkészleteket támogatja, tehát több mint 100 nyelvet. Döntött változatai a valódi kurzív és a gépiesen döntött betűképek keverékei. A verzál és döntött változatok színes kontrasztot alkotva harmonikusan kiegészítik egymást. A stílusok mindegyikét gondosan egalizáltuk.

The FR Hopper type system is the biggest release of the Hungarian Faberfonts Foundry since its opening.

The project started as a quest for cool and neutral thin sans capital forms and proportions more than a year ago. Since then lots of things have changed and have been added and the project has grown into something more complex and prolonged than anything before here in the studio of Faberfonts.

FR Hopper is a sans serif font based on geometric forms which still having a friendly character. It is intended for mid-length texts, captions, titles and almost any other occasional use – posters, flyers and even for websites.

FR Hopper comes in 7 weights, 12 styles with 836 glyphs – that means 10,032 glyphs ready to use for your projects – and many advanced OpenType features such as small caps, discretionary ligatures, alternate characters, fractions, arrows, ornaments and more in all 12 styles.

It supports Extended Latin-A and Latin-B character sets and more than 100 languages. Italics are based on carefully slanted roman versions but come with many cursive characters drawn from the ground up. It provides enough of a difference to the italics to stand out successfully from the romans – or attract by their own charm. All the styles are hand-kerned carefully.

ABCDEFGHIJKLMNOPQRSTUVWXYZabcde
fghijklmnopqrstuvwxyzĀāáĂăăĄąąĆćĈĉ
ĊċČčĎďĐđĒēĔĕĖėĘęĚěĜĝĞğĠġĢģĤ
ĥĦħĨĩĪīĬĭİįĵıĳijĴĵĶķĸĹĺĻļĽľĿŀŁłŃńŅņŇň
ŉŊŋōŌŏŎŐőŒœŔŕŖŗŘřŚśŜŝŞşŠšŢţŤťŦ
ŧŨũŪūŬŭŮůŰűŲųŴŵŶŷ ÿŸŹźŻżŽžſ ʃ ŋ Å å å
Æ æ æ Ø ø Ş ş ſ !

ABCDEFGHIJKLMNOPQRSTUVWXYZ¢¥ÀÁÂÃÄÅÆÇÈÉÊËÌ
ÍÎÏÐÑÒÓÔÕÖØÙÚÛÜÝÞĀĂĄĆĈĊČĎĐĒĔĖĘĚĜĞĠĢĤĦĨĪĬİIJ
ĴĶĹĻĽĿŁŃŅŇŊŌŎŐŒŔŖŘŚŜŞŠŢŤŦŨŪŬŮŰŲŴŶŸŹŻŽÅÆØ
ŞŴŃŴ Ỳ

" # % ‰ & & ' (((( )))) * * , , , - - - - . . . . / : : ; ; ? @ @ [[\ ]] - { { } } ¡ ¡ « « · » » ¿ ¿ - - - - - — — ' '
, " " „ † ‡ ▪ . . . ‰ ‰ ‹ › ‹ › !! ( ) (_) ¹²³⁴⁵⁶⁷⁸⁹⁰⁽⁾ⁿ ₁₂₃₄₅₆₇₈₉₍₎1234567890 ²³¹ ¼ ½ ¾ ⁰⁴
⁵⁶⁷⁸⁹ ₀₁₂₃₄₅₆₇₈₉ ⅓ ⅔ ⅛ ⅜ ⅝ ⅞ 123456789 Ú $ ¢ £ ¤ ¥ € ¤ § ¨ © ® ¯ ° ´ ¶ ¸ ˘ ˇ " " €
€ € € № ™ ℮ ◊ + < = > | | ¬ ± × ÷ ∂ Δ ∏ - √ ∞ ∫ ≈ ≠ ≤ ≥ ∏

Th ct ffk fk ffh ffh fh fh fft ft ffb fb ſt sp Æ æ Œ œ Th Th ffi ffi ffi ffi ffi ffi ffj fi fi fi fi fi fi fi ffi ffj fl fj ffl fi ... №
0123456789ABCDEFGHIJKLMNOPQRSTUVWXYZ →←↑↓↗↖↘↙→←↑↓↗↖↘☞
🖑🖑📩 a ct fft ff g l t y à á â ã ä å æ ý ÿ ā ă ą ĝ ğ ġ ģ [[[l t t t t t ŷ å è ỳ ſt $ ¤ 0123456789 € 0 ∅

Az atlaszt körülbelül ötven társalkotó és egy fiatal magyar tervezőgrafikus, Borsa Aliz közreműködésével készítettük el. Mindannyiukat egy nyilvános pályázati felhívás során választottuk ki. A jelentkezés egyetlen feltétele a vizuális kommunikációban, illetve önkifejezésben szerzett tapasztalat volt. A kiválasztásnál arra törekedtünk, hogy minél sokrétűbb tudású és szakmai hátterű csoportot állítsunk össze, így művészeken és designereken túl építészeknek, informatikusoknak, szociológusoknak, hackereknek és közéleti aktivistáknak is meghirdettük felhívásunkat. A részvételi felhívást a Kitchen Budapest széles körű szakmai partneri hálózatán keresztül terjesztettük.

Annelys de Vet – a szubjektív országatlaszok ötletgazdája – egy kéthetes workshop keretében személyesen találkozott az alkotókkal, akik nemcsak ötleteikkel, hanem konkrét vizuális munkáikkal is hozzájárultak az atlaszhoz. A workshop a Kitchen Budapestben került megrendezésre 2010. november 22. és december 3. között; itt zajlottak a közös ötletelések, megbeszélések, a kollaboratív munka legnagyobb része.

This Atlas came into being through the joint efforts of some 50 contributors and a young Hungarian graphic designer, Aliz Borsa. They were all selected through an open call. The only condition of participation was experience in visual communication and self-expression. In the course of selection we aimed at having a group of varied knowledge and a multitude of professional experiences, thus, in addition to artists and designers, we also invited architects, IT-specialists, sociologists, hackers and public life activists to participate. The invitation to participate was distributed via the wide-ranging network of Kitchen Budapest.

Annelys de Vet – the owner of the concept of the subjective country atlases – personally met the contributors at a two-week workshop. They contributed not only their ideas, but also their concrete visual works to the Atlas. The workshop was organised at Kitchen Budapest, between 22 November and 3 December, 2010. Most of the brainstorming sessions, discussions and the

Bevezető előadás a Kitchen Budapestben, 2010. november 22. | *Introduction at the Kitchen Budapest, 22 November 2010*

Az alkotómunkát meghívott alkotók előadásaival is serkentettük, valamint a kéthetes műhelymunka ideje alatt két nyilvános – egy munkaközi és egy záró – prezentáció keretein belül kaptunk visszacsatolást szakmai partnereink által javasolt külső szakemberektől és a közönségtől.

A workshop után a munkák továbbfejlesztésére és véglegesítésére került sor. Ezt az alkotók már önállóan vagy kisebb munkacsoportokban végezték, online kommunikációs csatornáinkon (levelezőlista és projektblog) keresztül tartva egymással kapcsolatot. A http://subjectiveatlas.kibu.hu címen elérhető blogra felkerültek a workshop során készített munkák, ami egy Facebookba integrált hozzászólási rendszerrel nemcsak az alkotófolyamatnak és a kiadványnak a szélesebb közönséggel való megismertetését, hanem a külső szemlélőktől való visszajelzések kezelését is lehetővé tette.

Az atlasz tervezésére és végleges szerkesztésére 2011 januárjában került sor Annelys de Vet brüsszeli stúdiójában, majd Budapesten és Gödöllőn.

greater part of the collaborative work took place here. The creative effort was also stimulated by presentations by invited speakers. We received feedback from the external experts – invited on the recommendation of our professional partners – and the audience through two public presentations (one interim and one closing) during the two-week workshop.

The workshop was followed by the refinement and finalisation of the works. This was done by the contributors independently, or in small teams. Using our online channels of communication (mailing list) the works made at the workshop were presented on the blog at http://subjective-atlas.kibu.hu. The comment system integrated into Facebook enabled not only the presentation of the creative process and publication to a wider audience, but also the management of feedback from external observers. The designing and final editing of the Atlas took place at the Brussels studio of Annelys de Vet in 2011, and it was completed in Budapest and Gödöllő.

Az alkotások első nyilvános megvitatása, 2010. november 26. | *Public discussion of the first contributions, 26 November 2010*

Első pillantásra a nacionalizmust és a kulturális identitásról szóló beszédet csak egy hajszál választja el. Miközben az atlasz összeállításán dolgoztunk, ez a konfliktus végig vita tárgyát képezte. E könyv célja a kulturális sokszínűség bemutatása és a személyes tapasztalatnak mint a kollektív élmény részének a hangsúlyozása. Azt kívánja ezzel nyomatékosítani, hogy a kultúra nem statikus, hanem folyamatosan mozgásban van, és mindenki számára más. Ez persze semmiképpen nem jelenti azt, hogy ne lehetne beszélni közös értékekről vagy nemzeti szellemről. De az, hogy miként beszélünk róluk, mindig érzékeny téma, ami tudatosságot igényel, manapság pedig különösen.

Miközben mi e kiadvány összeállításán dolgoztunk, Magyarország átvette az Európai Unió soros elnökségét, és a nemzetközi sajtó tele volt az országban hatályba lépő, ellentmondásos médiatörvényről szóló hírekkel. Megdöbbentő a kontraszt: az ember a hangok széles skáláját hallhatóvá tevő könyvön dolgozik, miközben számos magyar újság üres címlappal jelenik meg az új törvény elleni tiltakozásul. Meg akartam érteni a törvény indokait és lehetséges hatásait, így aztán magyarázatért az atlasz több alkotójához fordultam. Bár a vélemények nagyon eltérőek voltak, nem tudtam kikerülni azt az olvasatot, miszerint a törvény alapjaiban sértheti a sajtószabadságot. Volt olyan, aki azt a kérdést is feltette, hogy az új törvény alapján vajon megbüntethetnének-e bennünket a könyv személyes és néhol kritikus megnyilvánulásai miatt. Mások szerint ez fel sem merülhet, és a mostani kormány értékelni fogja e könyvet, már csak az általa bemutatott magyar kvalitások miatt is. Akárhol legyen is az igazság, számomra nyilvánvaló volt, hogy a jelenlegi politikai légkörben a sokszínűség, a komplexitás és a sokhangúság kifejezett bemutatása sürgős és hiánypótló állítás.

A magyarországi helyzet nem elszigetelt. Gonosz populista szél fúj Európa legnagyobb részén. Populista politikusok ragadják magukhoz a nemzeti jelképeket, és a kollektív narratívák kisajátításával,

At a quick, unsuspecting glance, the line between nationalism and talking about cultural identity looks hair-fine. As we were putting together this atlas, this conflict was a constant subject of discussion. This book is meant to show cultural diversity and emphasise personal experience as part of the collective. It thereby underlines that culture is not static but in constant motion and different for everyone. This certainly does not mean we cannot talk about shared values or a national spirit. But how we talk about them is always a delicate matter that demands awareness, especially in the present period.

While we were compiling this publication, Hungary took over the presidency of the European Union, and the international newspapers were full of the controversial media law that had taken effect in the country. There was a remarkable contrast in making a book designed to let a broad spectrum of voices be heard at the same time as several Hungarian newspapers were publishing blank front pages in protest at the new law. I wanted to understand the reasoning that had led to the law, and also its possible impact. And so I asked several contributors to the atlas to explain. While their opinions widely varied, I could hardly avoid the conclusion that the law could fundamentally damage freedom of expression. Some people went as far of raising the question whether we could receive a fine for publishing this book because of the subjective and sometimes critical contributions. Others argued that it was not a question at all and that the current government would value the book, also because of the Hungarian qualities it portrays. Wherever truth lies regarding these questions, it was obvious to me that in the current political climate an express portrayal of diversity, complexity and multivocality was an urgent and supplementary statement.

The situation in Hungary is not an isolated one. A vicious populist wind is blowing through most parts of Europe. Populist politicians are hijacking national symbols and rewriting their countries' history by appropriating and reconstructing collective narratives. Each state's story is told as an exclusive

illetve rekonstrukciójával átírják országuk törté- nelmét. Valamennyi állam történelmét kizárólag az őshonos népek számára, kizárólag az őshonos népek krónikájaként írják le. Akik nem részei a ká- nonnak, nem kapnak szerepet; a „másik" fenyegeti azt, ami a „miénk" – legjobb kívül tartani. Az így felépülő félelem birodalma szisztematikusan ero- dálja a „másik" iránti kollektív érdeklődést.

Azt gondolom, hogy mi, tervezők és művészek ezt nem tűrhetjük. Mi, a képek és a megjelenítés szakértői, bizonyára fel tudunk kínálni konstruktív alternatívákat – olyan személyes tapasztalatokon és megfigyeléseken nyugvó képi megjeleníté- seket, amelyek kívül állnak a tömegtájékoztatás befolyásán és mindenre kiterjeszkedő hajlamain. Folklorisztikus klisék helyett, amelyek az identi- tást mozdulatlan és változatlan tényként állítják be, személyes és a részvételre épülő, a kulturális identitást folyamatos mozgásban levőnek bemu- tató, lefegyverző történetekre, víziókra van szük- ségünk, amelyeket mindig szempontok sokasága befolyásol és – ebben az értelemben – definíció- szerűen multikulturálisak.

Ez vezetett arra, hogy elfogadjam a Kitchen Budapest felkérését, hogy elkészítsem a koráb- ban kiadott szubjektív atlaszaim mellé a magyar kiadást is. A sok egyedi beszélgetés során, ame- lyeket a résztvevőkkel folytattam, hallottam mély benyomást keltő, zavaró és gyönyörű magyar történeteket, költői észrevételeket, szellemes kifordításokat és kritikus elemzéseket Magyaror- szágról. Együttesen hatalmas gazdagságot mu- tatnak fel, megjelölve sok kultúra és ideológia kézzel fogható és látható nyomaival. Ez a könyv nem Magyarország történetét mondja el, hanem Magyarország *történeteinek* terjedelmes gyűjte- ményét mutatja be. Bár tervezők és művészek más csoportja más tartalommal állt volna elő, ez az atlasz teljes bizonyossággal rávilágít a mai „magyar lélekre". Remélem, hogy ezzel hozzájárul egy dinamikus kulturális párbeszédhez, és szelíd, örömteli eszközül szolgál majd azzal a hangos kórussal szemben, amely ragaszkodik a valóság leegyszerűsített, statikus nézetéhez.

chronicle of and for indigenous people. Those who are not part of the established canon are given no role; the "other" threatens what is "ours" and is best kept out of sight. The empire of fear being built this way systematically reduces collective interest in "the other".

I believe that as designers and artists, we cannot and should not tolerate this. We, the specialists in images and representation, must be capable of of- fering constructive alternatives – representations based on personal experiences and observations that stand apart from the control of mass media and their all-encompassing tendencies. Rather than folkloristic clichés that show identity as an unmov- ing, unchanging fact, we need personal visions based on involvement and disarming stories that express the way cultural identity is always in mo- tion, always influenced from multiple sides, and, in that sense, multicultural by definition.

This is what motivated me to accept Kitchen Bu- dapest's invitation to make a Hungarian edition to accompany the previous subjective atlases I have produced. In the many unique conversa- tions I went on to have with all the participants, I heard impressive, confusing and beautiful sto- ries; poetic observations, witty inversions and critical analyses of and about Hungary. Together, they exhibit a vast richness marked by visible and tangible traces left by many cultures and ideolo- gies. This book does not tell the story of Hungary but an extensive collection of them. Although a different group of designers and artists would have produced different content, this atlas most certainly sheds light on today's Hungarian "soul". I hope that it will thus contribute to a dynamic cul- tural dialogue and serve as a gentle and delightful instrument in the battle against the jabbering cho- rus insisting on a simplified, static version of reality.

Kitchen Budapest

A Kitchen Budapest egy városi térrel, mobil kommunikációval és internettel foglalkozó multifunkcionális hely, amely fiatal kutatók számára teret és eszközt biztosít a szabad gondolkodásra, és a kreatív csapatmunkára. A Magyar Telekom médialaborjaként az egyik alapvető célja, hogy megkeresse a társadalom, a művészet, a tudományok és az újmédia közötti kapcsolódási pontokat. Magyarország szubjektív atlaszának – nyílt, közösségi alkotófolyamat során történő – elkészítésével is alátámasztja törekvését, hogy egy határokon átívelő, köztes tér legyen.

Kitchen Budapest

Kitchen Budapest, which opened in June 2007, is a new media lab for young researchers who are interested in the convergence of mobile communication, online communities and urban space and are passionate about creating experimental projects in cross-disciplinary teams. Sponsored by Magyar Telekom, it focuses on the intersections of new media, technology and art, and examines its social and cultural implications. Making the Subjective Atlas of Hungary through an open and collective creation process aligns well with Kitchen Budapest's intention to be a space of the in-between.

powered by Magyar Telekom

HVG Könyvek

A HVG hetilap címlapjai minden héten egyfajta szubjektív iránytűként emelik ki a legfontosabb történések közül azt, amelyik leginkább meghatározza környezetünket, közérzetünket. Identitásunk és történelmünk egyaránt kiolvasható a *Mi 30* kötetből, a HVG 30 évének címlapgyűjteményéből. A HVG Könyvek azért tartotta fontosnak kiadni a *Magyarország szubjektív atlaszát*, mert a társalkotók újszerű nézőpontjával és merész ábrázolásmódjával valódi képet rajzol arról, ahogyan itt és most élünk és gondolkodunk.

HVG Books

Like a subjective compass, the covers of the weekly HVG emphasise the most important events week after week, that most immediately determine our environment and general sentiments. The volume "Mi 30" (Us 30), a collection of the covers from the last 30 years of HVG, provides an insight into both our identity and history. Its publisher – HVG Books – attached importance to the publication of the Subjective Atlas of Hungary, because the co-authors, through their novel viewpoint and audacious mode of presentation, draw a genuine picture of the way we live and think here and now.

Szakmai partnerek

- Európai Roma Kulturális Alapítvány
- Kortárs Építészeti Központ
- Lumen Fotóművészeti Alapítvány
- MOME line – designműhely
- PLACCC Fesztivál
- The Room
- Trafó – Kortárs Művészetek Háza
- WAMP – designvásár

Partners

- *European Roma Cultural Foundation*
- *Hungarian Contemporary Architecture Centre*
- *Lumen Photography Foundation*
- *MOME line – design works*
- *PLACCC Festival*
- *The Room*
- *Trafó – House of Contemporary Arts*
- *WAMP – The Hungarian Design Market*

Meghívott előadók

Barcza Gergely, Frank Béla, Kovács Budha Tamás, Kőhalmi Zoltán, Rudy J. Luijters, Molnár Zsolt, Szoboszlay Péter, Tábori András

Invited speakers (workshop)

Gergely Barcza, Béla Frank, Tamás Kovács Budha, Zoltán Kőhalmi, Rudy J. Luijters, Zsolt Molnár, Péter Szoboszlay, András Tábori

Meghívott szakemberek, véleményformálók

Bakos Gábor, Bakos Maxim, Farkas Anna, Nánay Fanni, Polyák Levente, Katarina Šević, Tóth Ali

Invited professionals, critics (workshop)

Gábor Bakos, Maxim Bakos, Anna Farkas, Fanni Nánay, Levente Polyák, Katarina Šević, Ali Tóth